智能网联汽车
核心技术丛书

智能
网联
汽车
车路协同技术

余旭康　黄琴宝　张洪利　著

U0367138

化学工业出版社

·北京·

内容简介

　　《智能网联汽车车路协同技术》是"智能网联汽车核心技术丛书"中的一册。本书内容依托"杭州职业技术学院文库",从基本概念出发,解析了车路协同如何赋能自动驾驶,介绍了关键技术如V2X通信、智能感知与决策等。同时,通过对比国内外发展,展现了技术的全球趋势。书中深入探讨了5G与C-V2X在公路信息服务中的应用,以及车路协同在自动驾驶、云控系统中的重要作用,为智能交通系统提供了技术支撑。智慧交通与物流章节则展示了技术如何提升交通效率、优化物流配送,揭示了车路协同的广泛应用前景。此外,本书还介绍了测评方法,包括仿真测试与车辆在环测试,为技术验证提供了科学路径。

　　本书适合智能网联汽车车路协同方向的技术人员阅读参考,也可供智能网联汽车行业的政策制定者、企业管理者、科研工作者以及汽车第三方检测机构人员阅读,同时也可以作为相关院校参考教材。

图书在版编目（CIP）数据

智能网联汽车车路协同技术 / 余旭康,黄琴宝,张洪利著. --北京 : 化学工业出版社,2024. 12.
（智能网联汽车核心技术丛书）. -- ISBN 978-7-122-46583-2

Ⅰ. U463.67；U495

中国国家版本馆CIP数据核字第2024JL1557号

责任编辑：雷桐辉　　　　　　　　文字编辑：袁　宁
责任校对：王　静　　　　　　　　装帧设计：王晓宇

出版发行：化学工业出版社
　　　　　（北京市东城区青年湖南街13号　邮政编码100011）
印　　装：北京云浩印刷有限责任公司
787mm×1092mm　1/16　印张14　字数247千字
2025年1月北京第1版第1次印刷

购书咨询：010-64518888　　　　　售后服务：010-64518899
网　　址：http://www.cip.com.cn
凡购买本书,如有缺损质量问题,本社销售中心负责调换。

定　　价：89.00元　　　　　　　　版权所有　违者必究

纵观全球，自动驾驶相关产业的发展可以被划分为两大主流方向——单车智能化以及车路协同。由于车辆智能化程度的提升更能够带来企业竞争力的增强，因此，近几年智能网联汽车相关技术得到了快速发展，单车的智能化、数字化、自动化、网联化水平日益增强。相对而言，车路协同的推进速度仿佛并不理想。单车智能的优化，只有依赖于智慧化的系统才能得以实现。因此，可以预见的是，车路协同时代必将到来。

我们可以设想一个场景：一名司机正驾驶汽车行驶在晚高峰的道路上，即将转向的路口突发了交通事故，这时，仅凭借单车的自动驾驶技术并不能实时获知事故位置和具体信息，稍有不慎便可能会发生二次事故。而如果该车已经接入相应的交通网络，那么依赖于车路协同技术，相关的事故信息便能够尽快地传递出去，周边的路侧设备和对应的交通管理系统也能够对即将驶来的车辆进行预警，降低二次事故的发生率，并提升整体交通运行效率。

从上述场景中，我们便能看出车路协同对于智能网联汽车的价值：当单车加载相关技术和设备后，其"聪明"程度得到提升；而叠加车路协同后，其便不再是单独的个体，能够获得所运行系统中的所有相关信息，与道路、其他车辆以及交通参与者建立了联系，拥有了真正的"智慧"。

车路协同的角色，决定了其需要从国家层面进行推动。这主要有两方面的原因：其一，车路协同离不开数字化的交通基础设施；其二，车路协同与未来交通和智慧城市密切相关。也就是说，自动驾驶归根结底只是交通系统的一个环节，而车路协同则需要赋能整个交通运行系统和城市管理系统。因此，车路协同本质上是交通管理和智慧城市系统性工程的组成部分，车路协同涉及的内容复杂繁多，比如法律法规的制定、云端的部署、数据处理技术的应用以及路侧设备的安装等。除了我国，其他多个国家也已经开始从国家层面部署车路协同，比如，美国计划到 2034 年实现全国高速公路 C-V2X 设备的完全覆盖、城市十字路口 C-V2X 设备的 75% 覆盖，并制订了 C-V2X 上车计划。

再回到车路协同与智能网联汽车之间的关系，车路协同虽然是智能交通和智慧城市的一部分，但其价值的发挥仍然需要具体的服务对象和载体，而智能网联汽车就是这个核心的服务对象和载体。智能网联汽车的发展会经历从自主式驾驶辅助到自动驾驶的不同阶段，相对应地，车路协同从诞生到成熟也需要经历不同阶段。目前，就我国车路协同的发展状况来看，其正处于 2.0 阶段，能够为车辆提供安全预警、为交通管理提供数据参考。而到 3.0 阶段，车路协同便能够成为自动驾驶的重要支撑，并为智慧城市的发展提供助力。

为推动网联云控基础设施建设，探索基于车、路、网、云、图等高效协同的自动驾驶技术多场景应用，加快智能网联汽车技术突破和产业化发展，2024 年 1 月，我国工业和信息化部、公安部、自然资源部、住房和城乡建设部、交通运输部联合发布《关于开展智能网联汽车"车路云一体化"应用试点工作的通知》。试点期为 2024—2026 年，试点内容包括建设智能化路侧基础设施、提升车载终端装配率、建立城市级服务管理平台、开展规模化示范应用、探索高精度地图安全应用、完善标准及测试评价体系、建设跨域身份互认体系、提升道路交通安全保障能力、探索新模式新业态等。这份通知正是从政府层面推动智能化路侧基础设施和云控基础平台建设，致力于形成统一的车路协同技术标准与测试评价体系，促进规模化示范应用和新型商业模式探索，从而大力推动智能网联汽车产业化的发展。

上述通知的发布标志着我国车路协同产业即将迎来发展提速期，而车路协同商业化的落地还需要经历一个比较长的探索阶段，需要从核心技术研发、渗透率提升以及政策法规完善等多个层面入手，这就需要行业的参与者对车路协同技术有全面准确的把握。本书依托浙江省教育厅 2024 年度高校国内访问工程师"校企合作"项目：车路协同系统装调测试教学开发（项目编号：FG2024090）、杭州职业技术学院技术开发项目：智能移动自卸充电车开发（项目编号：2023HX051），立足于当前全球智能网联汽车产业的发展现状与趋势，注重理论与实践相结合，从车路协同技术概况、车联网 V2X 通信技术、基于车路协同的自动驾驶、智能网联汽车云控系统、车路协同与智慧交通、车路协同与智慧物流、车路协同测评方法等多个维度进行详细讲解，对智能网联汽车车路协同技术落地与产业发展提供行之有效的实践思路，试图为读者提供一些有益的借鉴与思考，推动我国智能网联汽车产业的可持续落地发展。

由于本书是“智能网联汽车核心技术丛书”中的一册，因此推荐读者结合丛书中的其他书籍对照阅读，以便对智能网联汽车产业的发展有更加全面系统的了解和更为深入准确的把握。

著者

目录
CONTENTS

第 1 章

车路协同技术概况

1.1 车路协同技术的概念特征

1.1.1 车路协同的概念与内涵

智能网联汽车融合了现代网络通信、云计算、边缘计算、大数据等技术，依托于传感器、控制器等车端设备和路侧设备，实现车与路、车、人、云端等对象间的实时互联互通与信息共享，可以实现驾驶场景的自动感知，并进行智能决策和车辆的自动控制。智能网联汽车的发展，可以有力推动智慧交通及与之相适应的智能交通管理体系的建设。

智能网联汽车车路协同系统（intelligent vehicle infrastructure cooperative systems，IVICS）是一种融合了新一代互联网、移动通信等多种先进技术的道路交通系统，既能够支持车辆与车辆以及车辆与道路之间的动态实时信息交互，也能够在整合全时空动态交通信息的同时实现车辆主动安全控制和道路协同管理等诸多功能，提高人、车、道路等各个交通参与要素之间的协同性，充分确保交通的安全性、高效性和环保性。

车路协同系统集成了包含多种无线通信设备的路侧系统和车载系统，能够为车辆、道路等交通要素进行信息交互和信息共享提供强有力的支持。具体来说，智能网联汽车中的车载单元（on board unit，OBU）能够帮助车辆驾驶员了解行车环境和车辆运行状态，进而达到提高行车的安全性的目的；路侧单元（road side unit，RSU）可以广泛采集和传输道路状况、交通状况等信息，并在指挥中心或路侧处理单元对这些信息进行分析处理，同时对各项相关信息进行裁定，并将处理结果传输到车载终端当中，为车辆驾驶员提供帮助。车路协同示意图如图 1-1 所示。

从图 1-1 中可以看出，车路协同系统功能的实现主要取决于以下三要素。

● "端"：与车辆运行相关的所有交通系统元素，具体包括 OBU、RSU、信号灯、检测器等。

● "管"：连接交通系统各元素的网络，如 C-V2X、5G 等，它们具有各自的优势与适用场景，能够根据业务需求进行协同配合，保障通信的安全、可靠、高效。

● "云"：交通系统中能够执行数据整合、数据处理、分析决策等功能的平台，可根据业务需求部署中心云或边缘云。

基于"端""管""云"构建的交通系统架构，车路协同系统能够实时感知环境信息，进行数据融合计算，并作出精准的决策控制，从而为交通参与者提供安全、

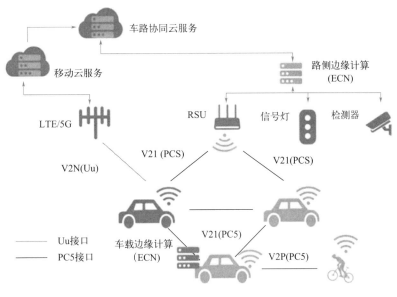

图 1-1　车路协同示意图

高效、便捷的智慧交通服务。

随着新一代信息技术的持续发展，智慧化社会正加速落地，自动驾驶也正逐步实现大规模推广。目前，自动驾驶领域存在两种比较可行的解决方案，即单车智能和车路协同。单车智能是指车辆借助车载传感器、计算设备等对汽车自身驾驶状态和外部环境进行感知和分析，自主做出行车规划，车辆控制系统再根据规划决策自主控制车辆行驶，实现自动驾驶。

从商业角度来看，单车智能属于轻资产模式，而车路协同属于重资产模式。单车智能方案具有更强的安全性和可控性，成本较低，车路协同方案不仅成本高，而且资产折旧率也较高，因此，国外很多自动驾驶公司或头部整车厂更倾向于选择单车智能。

而在我国，单车智能的起步较晚，相应的技术水平也相对落后，因此，单车智能对我国的自动驾驶公司来说，并不是一个最佳方案。我国的基建水平在世界范围内遥遥领先，路侧改造成本相对较低，同时从全局角度来看，车路协同方案能够更加快速、广泛、低成本地助力自动驾驶的落地。因此，我国在推广自动驾驶方面，更适合选择车路协同方案。

可以说，车路协同是基于单车智能的更高阶的自动驾驶形式。在车路协同方案中，车端和路侧都会部署相应的传感器、计算设备等，车端设备和路侧设备通过物联网实现实时互联和信息交互，这样一来，车端设备能够获得更全面的信息，同时计算工作的压力也得到分散，算力算法缺陷也得到弥补，得到的行驶规划也更加精细合理，最终实现更加安全、高效、智能的自动驾驶。此外，路侧部署相应的传感器、计算设备等，车端无须再部署大量高精度、高成本的设备，从而大幅降低了自动驾驶车辆的成本。

1.1.2　车路协同赋能自动驾驶

在车路协同模式下，自动驾驶公司的生产成本降低，从而更利于自动驾驶车辆的普及。不过，路侧设备的建造、修改和维护都需要耗费大量的资金和精力，也需要自动驾驶公司与城市基建部门共同制定相应的标准和规范，以避免自动驾驶车辆与路侧单元的输入输出源不一致而导致的信息壁垒现象。

（1）车路协同赋能感知

现阶段，车路协同尚未大规模投入运营，仍处于示范区演示阶段，并且主要聚焦于路侧感知识别功能的演示中，以弥补单车智能感知端的缺陷。

目前，单车智能感知端主要存在两方面比较棘手的难题：一方面，单车智能主要依赖 ADAS（advanced driving assistance system，高级驾驶辅助系统）进行感知，主要涉及激光雷达、摄像头、卫星导航等传感器，这些传感器在正常行驶环境下功能较为稳定，但在特定场景或极端环境下功能却有所欠缺，如鬼探头、恶劣天气、隧道环境等，而且，ADAS 缺乏完善的应对能力，无法保障自动驾驶车辆的安全性与可靠性；另一方面，目前的单车智能自动驾驶车辆仍受到感知长尾问题的困扰，引起感知长尾问题的因素有很多，如车端传感器安装位置、视场角、探测距离、时间同步、数据吞吐等，使得车辆在恶劣天气、逆光、繁忙路口、小物体感知识别等环境中难以实现精确及时的感知识别功能，并且仅靠车端传感器的融合识别难以有效解决这些问题，使得自动驾驶难以实现商业化落地。

而针对上述问题，车路协同可以提供有效的解决方案。车路协同可以通过路侧传感器与车端传感器的信息交互，帮助车辆获得更全面、更详细的道路信息，弥补车辆感知视野盲区的信息，助力车辆实现超视距感知。同时，车路协同还能够间接实现车与车之间的通信，使得车辆能够获得周围其他车辆的感知视角和感知信息，进一步扩大单车的感知范围，扩充单车获得的信息，提升单车感知能力，从而进一步提升自动驾驶的可靠性。

（2）车路协同赋能决策

除了感知系统外，决策规划系统也是必不可少的一部分，它是自动驾驶的核心中枢系统，相当于人类的大脑，可以控制车辆实现自动驾驶。一个完善的决策系统应当具备数据分析、情景预测、精准判断、智能决策的功能，通过对感知系统传来的信息进行全面融合分析，预测和判断周围其他车辆的驾驶意图，并能够实时调整优化行车决策，控制车辆进行安全驾驶。

但就目前的单车智能自动驾驶系统而言，由于获取的信息有限且时效性相对较差，因此难以实现周围车辆驾驶意图的精准预测和判断，从而无法保障行车的安全性和可靠性。

车路协同可以完美地弥补单车智能在这方面的缺陷。一方面，车路协同能够将每辆车归纳于同一个信息网内，实现车辆感知信息、行为意图、未来行车规划信息的实时交互与共享，使得每辆车都能够通过对这些信息的分析自主地制定合理的行车决策，保障行车安全；另一方面，车路协同能够为单车智能提供智能要素，如高维数据、强大的算法算力、先进的车路协同技术等，不仅可以降低车载决策系统的复杂度和计算压力，而且能够提升决策的合理性与及时性，同时能够衍生出更多便捷的驾驶引导功能，例如主动控制车速、自动避免拥堵、自动避免红灯等。

不过，车路协同自动驾驶对红绿灯、路口传感器等路侧单元提出了更高的要求，需要保证路侧数据的准确性、及时性和稳定性，从而保障自动驾驶的安全性和可靠性，这样一来，城市基建部门所投入的改造成本、运营成本、维护成本等无疑是巨大的。但事实上，从长远来看，车路协同的成本要比单车智能的成本小得多。

另外，从本质上看，车路协同并非单车智能的对立面，而是单车智能的补充，是在单车智能基础上的进一步提升，是更高级别的自动驾驶模式。单车智能能够实现车辆信息的智能感知，而车路协同能够打通各个单车之间信息的交互和共享，同时能够实现车辆与路侧设备、行人之间的信息交互，从而编织成一个智能化的、实时交互协同的交通网络，提升城市交通的运行效率和安全性。总而言之，车路协同技术在自动驾驶、智能交通领域拥有诸多优势，未来发展前景也十分广阔，相信在不久的将来，自动驾驶将在车路协同技术的推动下实现全面落地和大规模推广。

1.1.3 车路协同系统的关键技术

智能网联汽车主要通过单车智能模式和车路协同模式实现自动驾驶，其中，单车智能模式需要以单车感知和高效算法决策为基础，车路协同模式可以支持道路基站与车辆之间进行信息通信，同时也可以对车辆进行云端调控。

就目前来看，单车智能模式在传感器融合、芯片性能要求、AI黑箱效应、极端工况下的软件设计、高级别自动驾驶成本、完全自动驾驶汽车实际行驶安全、自动驾驶110亿英里❶的道路检测等方面还存在许多不足之处和难以解决的问题，难以广泛应用到各类汽车当中。

单车智能可以在路侧未安装智能设备或设备出现故障且通信遭受干扰的情况下确保行车的安全性，与此同时，单车智能还可以在车路协同未能覆盖的区域和一些极端场景中自动采取行动，支持车辆实现自动行驶。

车路协同是在单车智能的基础上发展而来的智能驾驶模式，能够进一步延伸单车传感器的性能，降低计算平台在算力方面的压力，在高级别自动驾驶场景中发挥着十分重要的作用，同时也提高了汽车产业化落地的速度，扩大了自动驾驶汽车在时间和空间上的覆盖范围。

从构成上来看，车路协同系统的关键技术主要包括智能车载单元、智能路侧系统、通信平台和云控平台（图1-2），且在整个车路协同系统的各项基础技术中，车载通信技术（vehicle to everything，V2X）占据着核心地位。

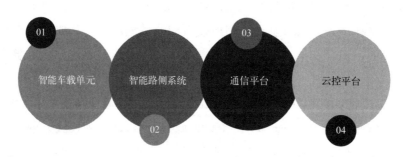

图1-2　车路协同系统的关键技术

（1）智能车载单元

现阶段，新一代5G-V2X和LTE-V2X是智能车载单元当中应用较多的信息通信技术，能够支持智能网联汽车实现车辆与车辆、车辆与道路、车辆与行人以及车辆与云端的信息交互。一般来说，智能网联汽车的车载终端主要包括通信芯片、通信模组、终端设备、V2X协议、V2X应用软件等软硬件设备，其产业结构也与这些软硬件设备关系密切。

（2）智能路侧系统

智能路侧系统是车路协同系统的重要组成部分，能够利用位于路侧的智能传感器

---

❶ 1英里约为1.609km。

设备采集路侧信息，并综合运用传感器采集的信息和智能车载信息来实现危险驾驶提醒、车辆违章预警、道路异常提醒、道路拥堵分析、交叉路口协调调度等诸多功能。

从运转流程上来看，智能路侧系统可以利用部署在路侧的传感器设备实时感知道路信息，并通过网络实现与车辆的信息数据共享和交互，为车辆提供全面的路侧环境信息，并采集、上传和应用车端信息。

智能路侧系统可以根据职能划分成智能基础设施、智能传感器、通信计算等多个板块，如表 1-1 所示。

表1-1　智能路侧系统的构成

系统构成	具体内容
智能基础设施	主要由电子指示牌、信号灯控制机和北斗差分基站等设备组成
智能传感器	主要由激光雷达、毫米波雷达和高清摄像头等传感器设备组成，能够感知车辆状态和道路实时状况等信息
通信计算	主要由 LTE/NR 模组等通信管道组成，能够传输数据信息，并在边缘侧计算来源于路侧单元的各项实时数据信息，为智能网联汽车及时处理各项道路交通问题提供支持

（3）通信平台

通信平台是车路协同系统中用于支持车辆与车辆、车辆与道路进行实时信息传输的信息管道，能够支持车辆接入具有低时延、高可靠性等优势的网络当中，确保车端与路侧信息交互的实时性。

就目前来看，专用短程通信（dedicated short range communication，DSRC）和基于蜂窝网络通信技术演进的 C-V2X 是在车路协同领域应用范围较广的底层通信技术，其中，C-V2X 具有发展较晚、可移动性强、可靠性强等特点，且具备前向兼容的 5G 演进路线，能够在技术和网络层面为我国未来发展自动驾驶汽车提供强有力的支持。

（4）云控平台

云控平台在车路协同方面发挥着十分重要的控制作用，具体来说，云控平台主要由云控基础平台和云控应用平台两部分构成，具备信息安全、大数据分析、高性能信息共享、高实时性云计算等诸多功能，能够为智能网联汽车、智能网联汽车用户以及相关管理机构和服务机构提供动态的车辆运行数据、基础设施数据、交通环境数据和交通管理数据等多种相关数据信息，充分满足智能网联汽车的各项实际应用需求。

云控平台的应用能够有效提高智能网联汽车的驾驶服务能力，减少交通事故，缩短交通拥堵时间，提升道路交通效率。现阶段，许多智能网联汽车中的云控基础平台已经建立起包含车端、边缘云、区域云和中心云四个层级的物理架构。

1.1.4 车路协同平台构建需求与场景

车路协同平台主要有共性技术支持和标准化互联互通两方面的需求，如表 1-2 所示。

表1-2 车路协同平台构建需求

构建需求	具体内容
共性技术支持	支持涉及大量数据的存储、计算与安全性管理，平台运维，仿真测试与评价等，为智能网联系统多样化的具体应用需求提供基础性技术服务
标准化互联互通	主要是对接入协议、交互语言、相关基础设施等软硬件设备的标准进行统一，避免因差异带来的多领域协同上的困难，促进标准化工具集和接口开发，以满足智能网联场景中的异构集成、互操作等多种业务需求，提高数据处理效率

安全与效率是智能网联汽车应用的关键指标，车路协同平台面向安全与面向效率的场景各有侧重。在行车过程中的车距车速预警与控制、临时障碍物预警、弯道和无分隔带会车安全提示、路口风险提示、侧翻事故预警等方面，主要注重安全性；而在车辆运行状态的智能化控制、交通管理与交通诱导协同优化、车路协同的集群诱导等技术的应用中，则对信息协同与交互效率有很高的要求。

基于安全、高效的车路协同平台，智能网联汽车与其他领域的协同应用范围可以得到进一步拓展，例如共享汽车、ETC 或景区的车上自动缴费等。平台可以连通公共服务体系、测试开发体系、保险体系，满足跨领域、跨行业的相关业务应用需求。

在中国汽车工程学会标准《合作式智能运输系统 车用通信系统应用层及应用数据交互标准》（标准项目编号 T/CSAE 53—2020）中，归纳了 17 个主要的车联网通信系统应用场景，其功能涵盖了安全、效率和信息服务三大类，具体如表 1-3 所示。

表1-3 车联网的基础功能

序号	类别	通信方式	应用名称
1	安全	V2V	前向碰撞预警
2		V2V/V2I	交叉路口碰撞预警
3		V2V/V2I	左转辅助
4		V2V	盲区预警／变道预警

续表

序号	类别	通信方式	应用名称
5	安全	V2V	逆向超车预警
6		V2V-Event	紧急制动预警
7		V2V-Event	异常车辆提醒
8		V2V-Event	车辆失控预警
9		V2I	道路危险状况提示
10		V2I	限速预警
11		V2I	闯红灯预警
12		V2P/V2I	弱势交通参与者碰撞预警
13	效率	V2I	绿波车速引导
14		V2I	车内标牌
15		V2I	前方拥堵提醒
16		V2I	紧急车辆提醒
17	信息服务	V2I	汽车近场支付

　　如果按使用群体分，车路协同平台可以为政府、企业和个人三大需求主体提供服务，具体如图1-3所示。

　　政府主要包括相关职能部门和监管单位，可以依托平台对交通运行情况进行智能化、数字化、高效率的综合管理，完善交通行业监管体系，对未来智慧交通作出合理的规划。

　　企业服务可以分为个人用车、公共交通车辆、物流等领域，按照产业上下游关系，又可以分为智能汽车的研发和运营服务。智能汽车研发企业可以基于车路协同平台的超视距环境感知、高精度地图导航等功能，进一步完善汽车的自动驾驶系统，有助于相关技术问题的解决；运营企业则植根于智能汽车产业的新业态，提高运营效率与质量。

　　个人作为车路协同平台最广泛的用户群体，与车辆的联系也最为紧密，平台功能的完善可以大幅提高用户的驾乘体验。依托于平台的交通诱导信息服务可以辅助车辆安全运行，合理规划路线，提高出行效率。随着自动驾驶技术的发展，还可以实现对车辆的远程控制。

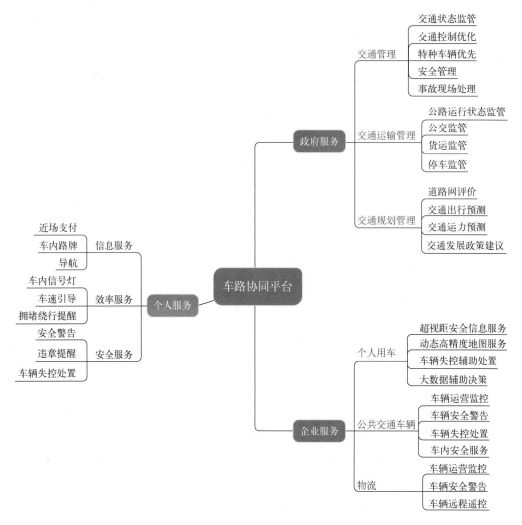

图1-3   车路协同平台应用场景服务

1.2   车路协同系统架构与应用

1.2.1   交通管控协调系统

简单地说，交通管控协调系统与车路协同平台相连接，通过交通信号灯、可变信息板和交通诱导专项广播等通信装置，可以对交通流进行主动引导，以实现道路资源的最优配置和通行效率的最大化。

一方面，该系统可以接收来自平台的交通控制信息，根据信息对路网上的交通信号灯的配时方案进行优化控制和调整；另一方面，该系统可以接收来自平台的交通诱导信息（例如各类车辆的目的地，或特殊车辆的通行需求），通过在特定路段或区域发布交通诱导信息，引导车辆选择最优路径。交通诱导信息可以通过交通信号灯、交通诱导屏发布，也可以直接发布到车载终端。

具体来说，交通管控协调系统主要包括以下两个子系统，如图1-4所示。

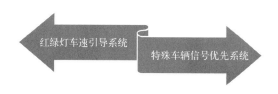

图1-4 交通管控协调系统

（1）红绿灯车速引导系统

依托于车路协同平台，可以对车辆在路口的通过情况进行引导。例如，当车辆接近路口时，系统会接收到来自路侧单元的信号灯配时信息和路口环境信息，并结合车辆行驶速度，自动计算并判断车辆是否能够安全通过路口。如果无法通过或存在违规风险，系统将进行预警提示。

（2）特殊车辆信号优先系统

依托于车路协同平台，可以保障特殊车辆（如消防车、救护车等）路口通行的安全性和有序性。当特殊车辆接近路口时，车载单元会向路侧单元或相关信号控制系统发送通行请求，包括车辆当前速度和位置等，路侧单元会迅速计算出车辆到达路口的时间，并适时对信号灯进行干预操作，以确保车辆顺利通过，同时能够降低通行风险。

1.2.2 驾驶安全服务系统

驾驶安全服务系统是车路协同平台的重要应用之一，其目的是最大限度地保障行车安全，减小或避免因安全风险带来的损失。该系统主要通过广泛布置的路侧设备，如摄像头、各类传感器以及气候监测设备等，对风险目标进行追踪，对路况环境的变化进行实时监测，对车辆运行可能发生的异常状况、道路交通异常状况、恶劣天气等情况进行预警。一旦监测到明确的行车事故或其他交通异常情况，将及时报警，并将事故坐标、现场状态等信息传送至管理平台，以便工作人员及时处理警情。

具体来说，驾驶安全服务系统主要提供以下几种功能，如图1-5所示。

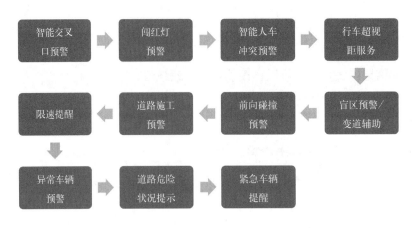

图 1-5　驾驶安全服务系统的主要功能

（1）智能交叉口预警

基于车联网平台车辆与车辆间的数据交互，当两辆车从不同方向接近同一交叉口时，可以互通车辆行驶方向、速度、位置等信息，车载系统通过接收到的对方车辆信息进行风险判定，如果有碰撞风险，则发出预警与避让提示。

该预警机制可以在交通基础设施不完善的地区发挥重要作用。当车辆在没有信号灯的路口左转或直行时，车载系统可以接收附近车辆的信号，对其行驶路线和到达路口的时间进行判断，如果侧方或对向来车与车辆存在碰撞风险，则会提示驾驶员减速或避让，从而提高交叉口的通行安全性。

（2）闯红灯预警

如果车辆在通过路口时存在因光线、恶劣天气导致能见度较低，或因前方大车遮挡视线，使得驾驶员难以识别信号灯的情况，车载系统可以综合车速、位置及信号灯配时等信息进行计算预测，判断车辆是否能够安全通过，及时给予驾驶员通行提示。如果系统认定车辆没有按照信号灯指示行驶，则会对驾驶员发出预警。

（3）智能人车冲突预警

行人及其他障碍物识别是车路协同平台的基础功能之一，智能人车冲突预警系统集成了人工智能、大数据及相关视觉感知技术，并综合运用红外视频、微波监测等技术，对行人进行精准识别，通过深度学习，对道路潜在的人车冲突风险做出判断，并通过车载系统控制车辆运行或提示驾驶员相关风险。

路侧单元对监测到的行人、道路障碍物、非机动车、车辆定位导航等信息进行综合分析，通过与车载单元的信息交互，将人行道位置、行人动态及周围环境等数据传输到车端，辅助车辆及时减速或避让行人。同时，也可以通过路侧信息显示屏、广播等提示行人或非机动车可能存在的道路安全风险。

（4）行车超视距服务

基于车路协同平台，可以实现道路前方超视距的"视野共享"。车辆行驶方向前方的路侧设备可以将监测到的相关图像信息上传到平台或直接传送到车端，另外，前车车载摄像头所采集到的图像数据也可以上传，由此，行驶中的车辆能够获取视距范围以外的交通环境信息。这有助于加深驾驶员对路况的理解和路线规划，另外如果前方有突发情况，也便于驾驶员进行紧急制动。

（5）盲区预警/变道辅助

在车辆行驶过程中，存在一种在驾驶员视野盲区（车辆附近）突然出现障碍物或行人的情况，俗称"鬼探头"，即使是经验丰富的驾驶员也难以迅速做出反应。而基于车路协同平台对车辆行驶环境的全面感知，能够有效避免因视野盲区带来的交通风险。

对道路信息的感知还可以在车辆变道时起到良好的辅助作用。例如，当车辆进行逆向借道超车时，可能由于受到前车遮挡而无法明确车辆行驶前方（较远距离）逆向车道上的车流量情况。该场景下，路侧系统或车载系统提供的道路信息可以辅助驾驶员做出正确判断，如果道路条件不利于逆向借道超车，则及时进行风险预警。

（6）前向碰撞预警

车载系统能够通过雷达感知技术或基于摄像头的视觉技术等手段对自车与前车的间距进行实时监测，当距离过近时会向驾驶员发出预警，从而避免或减轻前向碰撞，保证驾乘人员及车辆的安全。

（7）道路施工预警

依托于车路协同平台，车载系统能够对车辆行驶路径上的道路施工情况进行预警，特别是在能见度条件较差的行车场景中，提前了解施工区域、施工人员及占用车道情况极为重要，有助于避免交通事故发生。

（8）限速提醒

限速提醒是辅助驾驶的重要功能之一，基于车路协同平台的限速提醒功能与目前广泛使用的导航系统中的限速提醒相比，更具有灵活性和可变性。路侧单元可以根据天气、能见度、路面情况、事故、施工等实时道路情况调整限速信息，并将相关信息发送至车载系统或以图像数据和广播方式告知行驶车辆。

（9）异常车辆预警

当路侧系统发现道路上有开启了危险报警闪光灯的车辆时，则会对车辆进行追踪监测，通过其移动速度等状态判断是否属于异常车辆，如果车辆可能影响附近车辆的行驶路线，则会将相关避让提示信息发送到附近车辆的车载系统，以便附近车辆提前变道、减速。该预警功能可以普遍运用于大雾、大雪等能见度较低的路段，也可以用于道路交叉口、环岛入口、弯道、高速入口等，预警提示能够辅助驾驶员提前做出反应，避免碰撞风险。

（10）道路危险状况提示

基于路侧系统对道路情况的实时监测，可以对危险道路情况如下雨后路面积水深度、积水下路面深坑、道路湿滑或道路结冰等进行预警；同时也可以对急坡、急转弯、连续下坡、连续弯道等风险较大的道路环境进行提示，以便驾驶员提前处置，避免车辆在危险道路环境中发生事故。

（11）紧急车辆提醒

基于车路协同的车辆与车辆间的信息交互，紧急车辆提醒功能得以发挥。例如，有紧急通行需求的救援车辆、消防车辆可以向特定范围内的网联汽车发送移动路径、当前位置、行驶速度等信息，从而提示网联汽车提前做好让行准备。

1.2.3　交通信息服务系统

具体来说，交通信息服务系统主要具备如图 1-6 所示的几种功能。

图 1-6　交通信息服务系统的主要功能

（1）路况交通信息服务

路况交通信息服务在前面已有所述及。车路协同平台可以为车辆提供行驶路径上的车流量、道路拥堵情况、事故情况、道路施工情况等多方面的信息，并对道路封控等突发情况实时预警，辅助驾驶员或车辆合理规划行进路线，避开拥堵路段，从而提高通行效率。

（2）精确定位服务

车载终端上的移动通信模块和卫星定位模块，可以为车辆提供高精度的卫星定位和导航服务。一方面，卫星定位可以在全球范围内覆盖，即使在没有 4G、5G 等网络信号的地区，也可以提供定位服务。而在通信网络发达的城市，低时延、高带宽的通信网络可以辅助卫星定位系统对移动中的车辆进行实时、精准的定位。另一方面，在保障个人数据安全的前提下，将被授权的定位数据上传至相关服务平台，平台可以为用户提供车辆防盗或被盗寻回、紧急救援等服务。

基于对海量交通流数据的整理分析，可以促进交通管理方式升级完善。例如，通过采集到的区域内车辆实时位置信息，结合道路车流通行量、时段峰值等数据，合理调整信号灯配时，在必要时，可以将交通疏导信息传送到车载系统，并灵活运用禁停、禁转、逆向借道等规则，对交通流进行有效管理，解决交通拥堵问题，提高通行效率。

（3）路径导航服务

车载终端可以依托于卫星定位模块，实时获取车辆的定位数据，在输入目的地后，自动导航系统可以基于高精度地图，并结合道路等级、目的地距离、实时道路通行情况等数据，合理规划路线，如果行进方向上有突发情况阻碍通行，可以及时优化路线。同时，还可以根据乘客需求，提供定制化、个性化的导航服务，例如临时绕道、要求行程最短或途经风景、人文景区等。

（4）车辆紧急救援求助服务

通过在车辆空间内部安装的传感器，可以实时监测驾驶员或乘客状况。如果车辆卷入交通事故或驾驶员突发疾病，特别是在无法自主联系外界的情况下，车载终端可以通过卫星通信、移动通信等手段，辅助车上人员报警和救援呼叫；或自动将救援需求信息、位置信息、现场图像信息等上传至专门的处理平台（如交通应急管理部门、急救中心等），及时反馈事故情况，为救援争取时间，尽力减少人员伤亡和损失。

（5）车辆维护保养信息服务

在车辆移动过程中，车载系统可以通过各类感知设备对车辆的运行情况进行实时监控，如果监测到异常情况，就会进行预警，以便驾驶员及时采取应急措施；同时，可以运用可视化技术呈现出车辆的数字模型及故障部位，便于驾驶员检查评估并制定处置方案。

另外，依托于车联网服务平台，可以实现汽车厂商或监控中心对车辆各种工况的远程监测，并提供一定的远程维修指导服务。驾驶员可以通过平台与相关服务商联系，如果无法解决问题，平台可以为驾驶员提供附近的维护保养服务网点的信息。

1.2.4 其他服务应用系统

车路协同的服务应用还包括以下几项系统，如图1-7所示。

图1-7 车路协同其他服务应用系统

（1）驾驶安全辅助控制系统

基于相关需求，驾驶安全辅助控制系统可以利用低时延的通信网络，在一定程度上实现车辆的自动控制，包括制动、油门、转向等，辅助处理因驾驶员反应不及时或操作失误造成的紧急情况。例如，公共汽车、校车、公务车等特定车辆在出产前或出产后如果经过授权，可以加装自动控制系统，在紧急情况下系统可以控制车辆进行制动、转向等操作，以避免事故发生。

（2）车辆安全信用评价系统

基于车路协同平台和车辆的行驶记录，可以建立针对车辆或驾驶员的安全信用评价体系，体系中涵盖相应的评价机制、标准和数据档案。由此，可以改进驾驶安全教育方法，对驾驶行为进行有效监督，强化对驾驶安全信用评价不好的驾驶员的监管。同时，可以将安全信用评价体系纳入保险风险评估机制中，保险公司可以有针对性地为驾驶员提供保险服务。

（3）自动驾驶辅助系统

当前，涉足自动驾驶领域的大多数汽车龙头企业都更注重单车智能的研发，这种技术方案的困难之一在于难以突破车辆自身感知的局限性，无法完全保证车辆的安全运行。而车路协同平台可以融合车端、路侧的各种感知信息，并通过低时延、高可靠性的通信网络传递给自动驾驶汽车，大大拓展了其感知空间，有效弥补了自车感知的不足，从而提高了驾驶安全性。

（4）车载终端服务

车载终端通常是无线通信模块、卫星导航模块、智能计算与控制模块的集成，各个模块的综合运用赋予了车载终端强大的服务能力。其作用主要有以下几个方面。

① 基于终端的信息交互，驾驶员可以加深对道路环境的理解，实时查询交通地图获取交通信息，对行进道路进行合理规划。当面临紧急情况时，可以及时报警并采取适宜的处置措施。

② 为驾驶安全提供可靠保障。一是自车运行状态监测，对车辆状态的感知和监测可以有效避免因制动失灵、轮胎爆裂等带来的安全风险。二是驾驶辅助，对行车环境的监测可以避免因驾驶员对道路环境的疏忽而带来的安全风险。

③ 汽车出现故障后，通过查询车载单元的数据记录，可以了解到相关部件的工作情况，并快速定位故障位置和原因，而平台可以为车辆提供远程诊断及维修指导服务。

④ 平台可以大大拓展车辆的服务功能，车辆不再仅是通行工具，也可以作为办公、娱乐场所，大大提升了司乘人员的出行体验。

车路协同平台依托车联网和LTE/5G等通信网络技术，实现了车端、路侧、云端数据在低时延、高带宽、高速率通信环境下的瞬时传递，通过大量交通信息的分析整合，有助于辅助安全驾驶，提高交通运行效率；同时，车路协同提供了针对自动驾驶技术局限性的解决方案，为自动驾驶汽车的发展打下了平台基础。

构建车路协同平台，可以作为政府发挥政策优势支撑自动驾驶汽车发展的重要切入点。车路协同中的路侧建设需要进行交通或道路基础设施的改造，或将其纳入新建道路项目的规划中。因此，政府可以发挥主导作用，成立专门的运营公司，并协同电子信息、人工智能、汽车制造、通信等多个领域的企业，共同支援平台建设和运营。车路协同平台不仅可以促进社会效益增长，也是实现未来智慧交通、智慧城市建设的必然要求。

1.3　国内外车路协同发展概况

1.3.1　美国

随着车联网与智能交通的发展，车路协同技术迎来了许多重要的发展机遇，开始成为ITS（intelligent traffic system，智能交通系统，也称为智能运输系统）的最新发展方向和热点研究课题。I-VICS（intelligent vehicle infrastructure cooperative systems，智能车路协同系统）采用先进的无线通信、传感探测等技术手段，通过多学科的交叉融合实现车车、车路动态实时信息的交互，对车辆进行主动安全控制和道路协同管理，从而达到缓解道路交通拥挤、提高道路交通安全和效率等目的。车路协同目前是各国研究、发展和应用的重点，尤其在美国、欧盟、日韩等国家和地区更是备受重视。

美国在自动驾驶领域的研究与发展始终位于世界前列。美国联邦政府于 2010 年颁布了推动自动驾驶技术发展的四项战略性文件，将该领域的发展提升至国家战略层面。同时开始推动地方政府进行自动驾驶立法，为日后的路测与商业化落地奠基。

事实上，早在 2003 年，美国就已经开始在车路协同技术领域展开布局了，当时，美国基于智能汽车项目 IVI，发布了一项 VII 车路协同系统项目，到 2009 年将其更名为 IntelliDrive，并纳入 CICAS 与 Safe Trip-21 项目中，2011 年再次更名为智能互联汽车研究。在这个过程中，美国交通部于 2010 年对其国家如何发展车联网技术、如何建设智能交通系统进行了严密的规划部署，颁布了《智能交通战略研究计划 2010—2014》这一战略性文件。

NHTSA（National Highway Traffic Safety Administration，美国国家公路交通安全管理局）于 2013 年发布了自动驾驶车辆管制方面的相关意见，欲进一步发展自动驾驶技术。2015 年美国 ITS 与交通部就美国未来五年在智能交通领域的发展方向问题上达成了共识，并发布了《智能交通系统战略规划 2015—2019》。同年，美国投入 4500 万美元支持车联网发展项目，计划在纽约市、坦帕市、怀俄明州开展试点工作。

2016 年 9 月，美国交通部发布了《联邦自动驾驶汽车政策：加快道路交通安全的全新变革》，作为世界首个自动驾驶汽车的政策文件，它从四个方面 ❶ 建立了自动驾驶汽车的安全评价体系，明确了各级政府的具体监管职责，引导地方政府根据统一模式制定政策法规，为自动驾驶研发全周期提供了有益的指导和有效的保障。同年 12 月，又发布了 FMVSS No.150，即《联邦机动车安全标准——第 150 号》，积极推动 DSRC（Dedicated Short Range Communication，专用短程通信）强制安装立法。

2017 年 9 月，美国交通部发布了《自动驾驶系统 2.0：安全愿景》，进一步明确了各级政府在该行业发展中应发挥的作用，支持相关技术的开发、测试及部署，鼓励进行开放道路测试、建设示范区，为其日后发展清除法律障碍；同时，对于部分自动驾驶系统澄清监管流程，鼓励企业及时进行相关测试与部署，优化了自我安全评估的流程。

2018 年又发布了《准备迎接未来交通：自动驾驶汽车 3.0》，将公路运输等交

---

❶ 四个方面：州政策模式、自动驾驶汽车性能指南、NHTSA 现行的监管工具和现代监管工具。

通系统纳入其中，扩大了自动驾驶范围，促进其与交通系统的多种运输模式安全融合；进一步明确了联邦政府在评估自动驾驶相关策略、法规等时遵循的基本原则，同时积极推进各地建立统一的运营环境与监管模式。同年9月，FCC（Federal Communications Commission，美国联邦通信委员会）发布又一战略性文件——《促进美国在5G技术计划中的优势》，将促进高速通信技术发展列为政府的首要任务。

2020年1月，《确保美国在自动驾驶汽车技术方面的领导地位：自动驾驶汽车4.0》问世，确立了美国联邦政府在该领域的领导地位，明确了涉及政府、市场和用户三方的十大技术原则，提出了优先考虑安全与保障、推动创新等的监管方法。

1.3.2 欧盟

欧盟也一直在积极推进车路协同技术的发展，从2014年开始就在运用制定相关战略等方式，引导、支持自动驾驶的发展。早在2006—2010年，欧盟就曾资助 ERTICO（European Road Transport Telematics Implementation Coordination Organization，欧洲道路交通通信信息技术实施协调组织），让其牵头实施具有4100万欧元预算的C-ITS（Cooperative Intelligent Transport Systems，协同式智能交通系统）项目，当时在6个国家搭建了试验场，用以开发、评估车路协同系统在相关方面的应用，其最终成果是开发且检验了可以实现车辆与RSU（road side unit，路侧单元）一体化的软硬件原型。

2011年，欧盟发布《欧盟一体化交通白皮书》，明确要重点进行智能汽车的信息化、安全化管理和交通安全管理；2013年又推出"地平线2020"计划，意在促进汽车网联化、自动化和合作式智能交通的发展以及相关产业应用的商业化落地。

2014年11月，欧盟创设了C-ITS（Cooperative Intelligent Transport Systems，协同式智能交通系统）平台，用以探索协作式网联与自动化出行等问题。至此，国家政府、欧盟委员会以及C-ITS利益相关方可一同规划该平台的发展，为其提供政策建议和一些交叉领域问题的解决方案。

2016年4月，欧盟的28个成员国一同签署了《阿姆斯特丹宣言》，明确了欧盟对于自动驾驶技术发展所制定的相关实施措施，为国家政府、欧盟机构以及汽车厂商的合作交流打下了坚实基础。同年12月，为了推动欧洲整体投资与监管框架的融合，欧盟发布了C-ITS战略。战略中提到，至2019年时要实现车车之间、车路之间的"对话"，对C-ITS进行大规模商业化部署，以此来缓解道路拥堵，提升交通效率，提高驾驶舒适度。

2018 年，欧盟委员会公布自动驾驶计划进度表，各国开始极力推进道路测试；欧盟委员会交通运输总司发布授权法案征求意见，计划在欧洲对合作式智能交通系统开展部署。

2019 年 3 月，欧盟发布了新版《智能网联汽车路线图》，更新了网联式自动驾驶的相关内容，指出了基于数字化的 ISAD（infrastructure support levels for automated driving，基础设施支撑的网联式协同自动驾驶）的重要性。同年，欧盟针对自身发展自动驾驶遇到的困难及其未来的发展方向，发布了《协同、网联和自动化交通 STRIA 路线图》，制定了水路、铁路、公路运输方式的自动驾驶研发路线图。

1.3.3　日本

近些年来，为抢占未来汽车产业发展的战略制高点、提高汽车产业竞争力、缓解交通拥堵、提高交通效率、应对老龄化人口出行难等，日本政府积极布局自动驾驶汽车产业，陆续出台了相关的政策和法规，为自动驾驶的未来发展奠定基础。

自 2013 年日本发布《世界领先 ITS 国家创造宣言》起，日本政府就将自动驾驶汽车的发展作为核心任务之一。以这一宣言为基础的 SIP（战略性创新创造计划）更是把自动驾驶系统研发提升至国家战略层面。此外，日本还制定了《ITS 2014—2030 技术发展路线图》，要在 2030 年建成世界最安全、最通畅的道路。

2014 年，日本为推进自动驾驶技术以及相关领域的开发和应用，发布了 SIP 自动驾驶系统研究开发计划，该计划中包含 4 个方向，共有 32 个研究课题。次年，日本成立了由汽车厂商、相关学者、相关利益机构组成的自动驾驶研究工作组，通过开展研讨会的方式来协商、制定自动驾驶技术路线图，共同探讨相关测试与验证方式，协调相关国际标准。

日本总务省自 2016 年起成立了人工智能研究小组，同年，国土交通省与经济产业省成立了自动驾驶研究小组，意图与汽车制造厂在通信、地图等领域进行合作，达成 2020 年在开放道路上测试智能网联汽车的目标。2016 年 5 月，日本发布《关于自动驾驶系统的公共道路测试指南》，允许企业开展自动驾驶道路测试，同时为保证交通安全和效率规定了测试时的相关注意事项。

2017 年 6 月，日本发布《远程自动驾驶系统道路测试许可处理基准》，允许汽车在自动驾驶状态下进行测试，同时将远程监控定位为承担交通法规责任的驾驶人。次年，日本内阁发布了《2017 官民 ITS 构想及路线图》，并公布了自动驾驶汽车发展时间表，相关内容显示，日本要用两年左右的时间做到在高速公路上实现

"条件自动驾驶"等相关驾驶目标。

2018 年 3 月，日本发布了《自动驾驶相关制度整备大纲》，明确了自动驾驶汽车发生交通事故时的责任界定，即与普通汽车一样，由汽车所有者承担责任；但如果是由外部黑客破坏系统造成的事故，那么由政府承担赔偿责任。同年 9 月，日本国土交通省发布《自动驾驶汽车安全技术指南》，提出了十大安全条件，对 L3 和 L4 级别的自动驾驶汽车的安全性作出了硬性规定。

2019 年 3 月，日本出台《道路交通法》，同年 5 月出台《道路运输车辆法》修正案，9 月发布《关于自动驾驶系统的公共道路测试指南》的修订版本[1]，计划在 2020 年前后达成 L3 级别高速公路上的自动驾驶，2020 年底前实现特定区域的自动驾驶、自动制动在新乘用车上搭载率达九成以上。

2020 年，日本在 SIP 自动驾驶系统研究开发计划的目标下持续推进自动驾驶技术的发展，积极推动自动驾驶汽车的实用化与商业化。

1.3.4　中国

车路协同技术作为未来智慧交通的关键方向，其重要性不言而喻。我国自 2010 年前后开始注重这一领域，在最近两年进入高速发展期。自 2015 年起，我国陆续出台了一系列促进车路协同与智慧交通发展的政策文件，在国务院牵头，交通运输部、国家发展改革委以及工业和信息化部密切配合下，车路协同技术获得了较好的发展环境。自 2018 年，国家相继出台多项政策，统筹车路协同产业发展；2020 年，在新基建政策影响下车路协同便与智慧城市绑定；2021 年，"双智城市"的试点政策进一步推动了车路协同发展。

目前，我国部分城市，如北京、上海、广州、重庆等地也相继出台了车路协同技术的相关政策措施，不断推进车路协同技术在地方落地。表 1-4 为我国自 2015 年来发布的国家与行业层面的推进车路协同技术发展的主要政策文件。

表1-4　我国车路协同领域主要政策

时间	发布部门	政策名称	内容
2015 年	国务院	《中国制造 2025》	将智能网联汽车列入未来十年国家智能制造发展的重点领域

---

[1] 该修订版本，即日本的《自动驾驶的公共道路测试使用许可标准》。

时间	发布部门	政策名称	内容
2016 年 4 月	交通运输部	《交通运输信息化"十三五"发展规划》	开展智慧交通示范工程，推进智慧公路示范应用，实现路网管理、车路协同和出行信息服务的智能化
2016 年 7 月	国家发改委、交通运输部	《推进"互联网＋"便捷交通 促进智能交通发展的实施方案》	要求加强车路协同技术应用，推动汽车自动驾驶，推进制定国家通信标准和设施设备接口规范，攻克关键技术
2017 年 1 月	交通运输部	《推进智慧交通发展行动计划（2017—2020 年）》	推进智慧公路车路协同试点示范和提高车载智能终端、车路协同设备等智能化运输装备的检测能力
2017 年 2 月	国务院	《"十三五"现代综合交通运输体系发展规划》	开展新一代国家交通控制网、智慧公路建设试点，推动路网管理、车路协同和出行信息服务的智能化，示范推广车路协同技术
2018 年 2 月	交通运输部	《关于加快推进新一代国家交通控制网和智慧公路试点的通知》	推进九省市智慧公路试点，试点主题包含路运一体化车路协同、车路协同安全辅助服务、面向城市公共交通及复杂交通环境的车路协同技术应用
2018 年 4 月	工业和信息化部、公安部、交通运输部	《智能网联汽车道路测试管理规范（试行）》	推动汽车智能化、网联化技术发展和产业应用
2018 年 6 月	工业和信息化部、国家标准委	《国家车联网产业标准体系建设指南（总体要求）》	提出车联网产业的整体标准体系结构、建设内容，指导车联网产业标准化总体工作，推动逐步形成统一、协调的国家车联网产业标准体系架构
2018 年 7 月	交通运输部	《自动驾驶封闭场地建设技术指南（暂行）》	国家部委出台的第一部关于自动驾驶封闭测试场地建设技术的规范性文件
2018 年 11 月	工业和信息化部	《车联网（智能网联汽车）直连通信使用 5905-5925MHz 频段管理规定（暂行）》	规划 20MHz 带宽的专用频率资源用于 LTE-V2X 直连通信技术
2018 年 12 月	工业和信息化部	《车联网（智能网联汽车）产业发展行动计划》	提出要构建低时延、大带宽、高算力的车路协同环境
2019 年 7 月	交通运输部	《数字交通发展规划纲要》	推动自动驾驶与车路协同技术研发，开展专用测试场地建设
2019 年 9 月	中共中央、国务院	《交通强国建设纲要》	加强智能网联汽车（智能汽车、自动驾驶、车路协同）研发，形成自主可控完整的产业链

续表

时间	发布部门	政策名称	内容
2020 年 2 月	国家发改委、工业和信息化部等 11 个国家部委	《智能汽车创新发展战略》	到 2035 年，中国标准智能汽车体系全面建成
2020 年 4 月	工业和信息化部、公安部和国家标准委	《国家车联网产业标准体系建设指南（车辆智能管理）》	指导制定车路协同管控与服务标准
2020 年 4 月	交通运输部	《公路工程适应自动驾驶附属设施总体技术规范（征求意见稿）》	规定了公路工程适应自动驾驶附属设施的总体技术要求
2020 年 8 月	交通运输部	《关于推动交通运输领域新型基础设施建设的指导意见》	推进车路协同等设施建设，丰富车路协同应用场景。协同建设车联网，推动重点地区、重点路段应用车用无线通信技术，支持车路协同、自动驾驶等

第 2 章

车联网 V2X
通信技术

2.1 V2X 通信技术的主流方案

2.1.1 车联网系统的体系架构

车联网是指利用新一代信息通信技术实现车辆与车辆、车辆与人、车辆与道路以及车辆与服务平台之间的网络连接的物联网。车联网的应用能够有效提高车辆的智能驾驶水平，确保交通运行的安全性、舒适性、高效性和环保性，并进一步优化社会交通服务以及驾乘人员的体验，从而推动智能汽车领域快速发展，助力交通服务模式的革新。

2.1.1.1 车联网的系统构成

从定义上来看，车联网是一种包含车内网、车际网和车云网三部分的系统网络（图 2-1），既能够实现无线电通信和信息交互功能，也能够支持车辆与外界进行无缝连接的通信，进一步提高通信效率，并在一定程度上达到有效减少通信盲区的效果。

图 2-1 车联网的系统构成

（1）车内网

车内网是一种具有标准化特点的整车网络，通常涉及以太网、FlexRay、局域互联网（local interconnect network，LIN）、控制器局域网总线（Controller Area Network，CAN）和面向媒体的系统传输（media oriented system transport，MOST）等多种总线技术，能够支持车内的电器和电子单元利用车内网传输各项状态信息和控制信号，进而赋予车辆状态感知、故障诊断和智能控制等功能。

（2）车际网

车际网是一种开放式移动自组织网络，通常将交通环境中的车辆、行人和路侧单元作为节点和重要组成部分，能够综合运用蜂窝网络、无线局域网等无线通信技术和全球定位系统来建立无线多跳连接，大幅提高数据接入速率，让高速移动下的车辆能够使用数据接入服务，进而实现基于 V2X 的信息交互。不仅如此，车载自组织网络的发展和应用在通信方面为智能交通系统的发展提供了一定的支持，同时也有效确保了智能网联汽车在行驶过程中的安全性。

（3）车云网

车云网是一种利用远距离无线通信技术构建的可以支持车辆与互联网进行信息交互的网络，因此装载了车云网的智能网联汽车可以通过车载移动互联网来传输各类服务信息。从作用原理来看，车载移动互联网在发挥作用之前需要先在汽车内部利用短距离通信技术构建无线个域网（wireless personal area network，WPAN）或无线局域网（wireless local area network，WLAN），再利用 4G 或 5G 技术将其接入互联网当中。

2.1.1.2 车联网的架构体系

车联网的架构体系大致可分为数据感知层、网络传输层和应用层三部分。

（1）数据感知层

数据感知层可以利用传感器、车辆定位、射频识别（radio frequency identification，RFID）等技术手段全方位感知并获取车况、道路系统、车辆当前位置、周围车辆等车辆和道路交通信息，从而充分了解车辆自身属性和车辆外在环境等信息，全面掌握人、车、道路等各个交通参与者的动态属性和静态数据等信息，为智能网联汽车提供基于车联网的终端信息服务。

一般来说，数据感知层采集到的信息主要包括车辆自身感知信息、周边车辆行驶状态感知信息和与后台或第三方应用交互获取的信息，见表 2-1。

表2-1 数据感知层的信息获取

信息获取	具体内容
车辆自身感知信息	借助车内总线、全球定位系统和各项其他感知设备来获取，主要涉及速度、位置、加速度和横摆角加速度等相关数据信息
周边车辆行驶状态感知信息	车辆以车 - 路通信的方式与路侧设备进行信息交互，主要涉及周边车辆的位置、方位、速度、航向角等信息以及交通信号状态、道路拥堵状态、车道驾驶方向等道路环境信息
与后台或第三方应用交互获取的信息	主要包括天气数据等其他相关数据信息

（2）网络传输层

网络传输层可以在已具备科学、合理、有效的通信协议的前提下，充分发挥具有满足业务传输需求能力以及适应通信环境特征能力的网络架构和协议模型的作用，在网络环境中集成各个实体所采集的数据信息，并在向应用程序提供信息传输服务的同时，确保服务过程的透明度，综合运用云计算和虚拟化等技术手段来提高当前已有的网络资源的利用率，进而有效支撑车辆与车辆、车辆与道路、车辆与人以及车辆与云端的信息交互和共享，达到在通信和信息层面为各项上层应用提供支持的目的。

（3）应用层

应用层中的各项应用均与用户的应用需求相对应，且能够在现有网络体系和协议基础上为车联网的发展提供驱动力，同时还能够为车联网赋予网络拓展功能，支持车联网实现智能交通管理、车辆安全控制和交通事件预警等多种功能，并为车联网用户提供信息订阅、事件告知和车辆信息查询等服务。不仅如此，车联网的应用层还可以与云计算平台协同作用，为个人、整车厂商、信息服务运营企业和政府管理部门等各类用户提供汽车管理等多种服务，促进各项车辆数据和道路交通数据的交互和共享，进而实现对服务形态和商业运营模式的创新。

受业务需求和传输环境等因素的影响，车联网需要根据实际情况选择合适的通信技术。一般来说，同一个实体可以利用不同的接入模式与车联网进行连接。例如，车载单元可以通过 Wi-Fi、卫星通信、专用短程通信（dedicated short range communication，DSRC）和 4G/5G 蜂窝通信等多种通信方式接入车联网当中。

车联网是一项可以支撑车辆与车辆以及车辆与道路之间的信息交互的通信技术。车联网系统中的路侧单元和后台中心主要利用光纤通信子系统来进行信息交互，车辆、行人和中心可以通过蜂窝网络与子系统连接，并利用网络来传输各项相关数据信息。为了充分确保道路交通的安全性，车辆需要借助车联网系统实现与其他车辆以及道路之间的实时通信，并运用专门的通信标准和通信技术，避免受到其他通信系统的影响，从而降低通信时延，充分确保信息通信的实时性和可靠性。

2.1.2　基于 V2X 的车联网方案

对于车联网产业来说，V2X 技术是促进其创新和发展的重要技术。近年来，信息通信技术在智能汽车行业的应用越来越广泛，基础网络接入已经成为车联网产业高质量发展的关键。随着 5G 等新一代信息通信技术在车联网领域的应用逐渐深入，车联网行业的产品和商业模式快速革新，用户规模和市场需求也在不断扩大，由此可见，未来车联网产业将会迎来爆发式增长。

2.1.2.1　V2X 的概念与类型

V2X（vehicle to everything，车用无线通信技术）是指车联网技术能够实现的一种全新的通信方式，即以车辆为中心，与周边车辆、设备、基站通信，从而获取实时路况、道路信息、行人信息等一系列交通信息，通过网络将车辆与人、车辆和路侧交通基础设施等信息交互对象连接起来，从而帮助车辆实现与外界的信息交换。

根据车辆的信息交互对象，V2X 交互的信息模式大致分为 V2V（vehicle to vehicle，车与车）、V2I（vehicle to infrastructure，车与路）、V2P（vehicle to pedestrian，车与人）等类型，如图 2-2 所示。

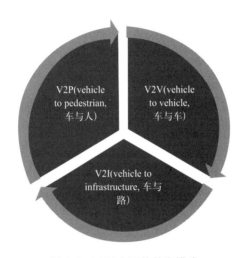

图 2-2　V2X 交互的信息模式

（1）V2V 技术

V2V 技术支持车辆获取与前方道路相关的实时信息，为移动中的车辆提供直接的一端到另一端的无线通信，能够有效防范交通事故，同时缩短驾驶时间、优化交通环境、降低交通拥堵现象的发生率。

（2）V2I 技术

支持车辆与路侧交通基础设施之间的信息交互。具体来说，V2I 的应用既可帮助智能汽车实现电子收费、限高警示、道路施工警示、运输安全管理、车辆限速控制和交叉路口安全管理等多种功能，也可以利用各种算法对交通设施进行优化升级，进一步提高绿色交通设施的智能化程度，从而在信息层面为智能汽车实现安全可靠的自动驾驶提供强有力的支撑。

（3）V2P 技术

支持车辆与道路上的行人以及骑车人之间的信息交互。V2P 技术能够以收发警示信号的方式为智能汽车的安全行驶提供预警信息，从而帮助车辆及时注意到路口的行人和骑车人、相邻车道的行人和骑车人以及信号灯剩余时间等道路信息，以便及时操控车辆规避交通危险。

2.1.2.2　基于 V2X 技术的车联网方案

基于 V2X 技术的车联网方案可以通过车载设备与道路基础设施之间的通信来进行信息交互，并充分利用这些信息来为车辆行驶和交通管理等提供指导，进而提高道路交通的畅通性，降低交通事故的发生率，充分确保交通的安全性。

一般来说，基于 V2X 技术的车联网方案可以在城市交通、高速公路交通和特殊道路交通等多种应用场景中发挥作用。

（1）城市交通

城市交通普遍存在拥堵、环保、安全等方面的问题，因此城市交通管理部门需要借助基于 V2X 技术的车联网方案来优化和完善停车场管理、车辆限行管理和城市道路交通监控等道路交通管理工作。

在停车场管理和车辆限行管理方面，车辆可以在 V2X 技术的支持下自主进出停车场和道路限行区域，进而达到提高交通管理效率和降低人为因素影响的目的，实现高效通行；在城市道路交通监控方面，交通管理部门可以利用 V2X 技术来对交通流量和交通状况进行实时监测，以便及时发现和处理道路拥堵等问题，提高城市道路交通的畅通性和高效性。

（2）高速公路交通

高速公路交通具有车流量集中的特点，为了确保行车的安全性，处于高速公路交通场景中的车辆需要进一步提高自身在信息通信方面的高效性。从实际操作方面来看，行驶在高速公路上的汽车可以利用基于 V2X 技术的车联网方案来实现信息共享，广泛采集前方路况等相关数据信息，并利用这些信息来合理调整自身的行车速度和与前车之间的车距，防止出现车辆碰撞和刮擦等交通安全问题，从而达到降低交通事故的发生率和交通拥堵程度的目的。

（3）特殊道路交通

特殊道路交通场景主要指山区、恶劣天气、施工路段等场景，处于这些场景中的汽车可以利用 V2X 技术来与其他车辆和道路进行信息交互，获取周边道路环境信息，并通过对这些信息的分析和利用来提高行车的安全性。

2.1.3　DSRC 技术标准与应用

近几年，随着 5G 基站开始大规模建设，5G 网络的覆盖范围越来越广，人工智能、边缘计算等技术快速发展，智能汽车进入快速发展阶段。在此形势下，不仅自动驾驶技术受到了广泛关注，支持自动驾驶实现的关键技术——V2X 技术也获得了快速发展。

现阶段，大多数智能网联汽车都需要借助基于车辆环境中的无线访问（wireless access in the vehicular environment，WAVE）协议标准的 DSRC 技术和基于蜂窝网的 V2X 技术来实现车与外界的信息交换。其中，DSRC 技术是支撑智能交通系统（intelligent traffic system，ITS）发挥作用的重要技术手段。

具体来说，DSRC 技术具有无线通信功能，其在车联网中的应用能够在车辆与车辆以及车辆与道路之间建立信息双向传输通道，并有效提高数据传输效率，降低通信链路的时延，充分确保系统的可靠性，为智能网联汽车的各项信息通信活动提供强有力的技术支撑。

2.1.3.1　DSRC 的标准化进程

就目前来看，世界范围内已有多个标准化组织开始制定 DSRC 相关标准，美国、日本等多个国家也在大力发展 DSRC 技术，并根据自身实际情况积极构建相应的 DSRC 标准体系。

1992 年，美国材料与试验协会（American Society for Testing and Materials，ASTM）针对电子不停车收费（electronic toll collection，ETC）业务推出了频段为 915MHz 的 DSRC 技术，随后 ASTM 又根据实际通信需求多次对 DSRC 技术标准进行调整。

2003 年，ASTM 将 DSRC 技术标准确定为基于 IEEE 802.11 标准的 E2213-03 版本，进一步提高了 DSRC 技术标准对车载环境的适应性；到 2004 年，ASTM 将 DSRC 标准化工作转入到 IEEE 802.11p 与 1609 工作组当中，同时对 IEEE 802.11 再次进行了改进，进一步提高了 DSRC 技术标准对高速移动的环境的适应性。现阶段，ASTM 已经完成了对 IEEE 1609 系列标准中的各项 DSRC 上层标准的试用，但还未发布关于下层关键技术的 IEEE 802.11p 的正式版本。

日本将制定 DSRC 标准的工作交由运输信息与控制系统技术委员会来负责，并确定将最终的 IEEE 802.11p 版本作为 DSRC 技术标准。

1994 年，欧洲开始构建 CEN/TC278 标准体系，并在 1997 年通过了 "5.8GHz DSRC 物理层和数据链路层" 标准，但从制式、频段、调制方式等方面来看，欧洲所采用的 DSRC 标准与美国的 DSRC 标准之间存在许多不同之处。

就目前来看，各国所采用的 DSRC 标准均存在一定的差异，未来将会使用的标准也存在巨大的不确定性，但在车联网系统的应用层当中，各国应采用统一的应用层协议。

2.1.3.2 DSRC 技术的应用

智能网联汽车可以将车载单元（OBU）作为移动终端，充分发挥 OBU 强大的数据处理能力来满足 DSRC 的各项特定需求，同时也可以利用路侧单元（RSU）来完成管理和后备网络接入等任务。

一般来说，车载 DSRC 系统可以根据通信方式和应用领域划分成两种类型。其中，车 - 路（V2R）通信指的是车辆与部署在路侧的各项基础设施之间的信息交互，大多采用基于一跳的 AdHoc 网络模型，可看作移动节点与固定节点之间的信息通信；车 - 车（V2V）通信指的是车辆与车辆之间的信息交互，大多采用多跳的 AdHoc 网络模型。

（1）车 - 路通信

V2R 是一种针对非安全性应用的车联网通信方式。融合了 V2R 技术的 ETC 系统支持车辆在经过公路、大桥、隧道等场景的电子自动收费系统时通过直接驶过 ETC 车道的方式实现 OBU 与 RSU 之间的信息交互，从而在不停车的情况下自动完成收费。由此可见，ETC 系统的应用能够大幅提高高速公路的车辆通行效率和服务能力，降低收费过程的复杂度和成本。

除此之外，基于 V2R 的 DSRC 应用还可以在交通调度和电子地图下载等方面发挥重要作用。从实际操作上来看，车联网系统中的 RSU 可以通过后备网络与当地的交通信息网或互联网连接，并与 OBU 进行通信，而智能网联汽车可以据此获取相应的电子地图和道路状况等信息，并利用这些信息规划最佳行驶路线，在最大限度上避免经过交通拥堵路段，同时交通管理部门也可以根据这些信息来进行交通管理，提高道路交通的畅通性。

（2）车 - 车通信

V2V 是一项主要针对车辆的主动安全的车联网通信方式。车载 DSRC 系统中的 V2V 技术的应用能够有效提高交通安全系数，降低交通事故的发生率，大幅减少由各类交通事故所造成的经济损失，同时也能够在一定程度上缓解交通堵塞问题。

具体来说，一方面，当车辆感知到前方出现障碍物或车祸等情况时会生成并发出碰撞警告信息，告知其他车辆道路前方的交通情况，以便后方车辆及时对潜在的交通危险做出相应的防范操作；另一方面，当车辆出现紧急情况需要靠边停车时，也会向周围的其他车辆发出警告信息，避免其他车辆进入危险区域当中引发交通事故。除此之外，V2V还可以实现车队管理、安全超车和转弯速度控制等多种功能，从而达到借助信息通信来保障道路交通安全的目的。

2.1.4　C-V2X通信技术标准与应用

C-V2X是一种在4G、5G等蜂窝通信技术的基础上进一步发展形成的针对高速移动应用的无线通信技术，也是基于第三代合作伙伴项目（the 3rd generation partnership project，3GPP）全球统一标准的通信技术，主要包括基于长期演进（long term evolution，LTE）移动通信技术的V2X和基于5G通信的V2X。

其中，基于长期演进移动通信技术的V2X称为LTE-V2X，基于5G通信的V2X称为5G-V2X，LTE-V2X可以向5G-V2X平滑演进。2017年9月，中国智能网联汽车产业创新联盟发布《合作式智能运输系统　车用通信系统应用层及应用数据交互标准》T/CSAE 53—2017❶，这是我国第一部V2X应用标准，为我国建设以通信产业链企业、电信运营商和汽车企业为主的产业阵营提供了有效支持。

（1）C-V2X通信模式

之所以会在已有DSRC的情况下衍生出C-V2X技术，主要是因为基于Wi-Fi技术的DSRC无法满足车辆在高速运动状态下的通信需求，一旦车辆行驶速度过快，DSRC信号就会变差，数据传输时延过长，或者部分数据在传输过程中被损坏、丢失等。再加上DSRC数据传输的有效距离只有几十米，超出这个范围信号传输质量就会大打折扣。而且要想实现全域覆盖，必须部署大量RSU设备，成本比较高。

随着蜂窝网及LTE技术不断发展，相关企业与机构开始尝试在蜂窝通信技术的基础上重新设计V2X，由此催生了基于LTE技术的V2X，即C-V2X。目前，C-V2X通信可以分为集中式（LTE-V-cell）通信模式与分布式（LTE-V-direct）通信模式两种类型，具体分析如表2-2所示。

表2-2　C-V2X通信模式

通信模式	具体内容
集中式（LTE-V-cell）	以基站为控制中心，利用网络运营商提供的网络频段，通过基站进行信息传输与转发，实现干扰协调、集中式调度、拥塞控制等功能。集中式通信模式可以切实提高LTE-V2X的组网效率，满足更大范围内的海量信息传输需求，为业务的连续开展提供强有力的支持，为远程信息处理提供一个更优质的网络环境

❶ 新版本为T/CSAE 53—2020。

通信模式	具体内容
分布式（LTE-V-direct）	独立于蜂窝网络，不需要借助基站传输信息，支持车辆与周围的环境、车辆与人开展直接通信，不仅可以保证通信的稳定性、可靠性，还可以缩短通信时延，为车辆的安全行驶提供强有力的保障

相较于 DSRC 来说，C-V2X 的部署方式更加简单，部署成本更低。具体来看，在基础设施领域，因为 C-V2X 的基础是蜂窝网络，所以只要对现有的基站进行一些改造就可以将 C-V2X 基础设施集成进去；在终端应用领域，C-V2X 可以沿用 LTE 和 5G 的生态系统，将 LTE、V2X 集成到一个通信模块，从而降低部署成本。

因为基于 4G 的 LTE 技术在设计时没有考虑车联网技术，所以其无法满足智能网联汽车发展需求。随着 5G 实现规模化商用，相关企业与机构开发出了基于 5G 通信的 V2X 标准，即 5G-V2X，其充分考虑了智能网联汽车的通信需求。V2X 将全面融入 5G 网络，5G-V2X 有望与 LTE-V2X 及 DSRC 融合，为汽车安全、高效行驶提供强有力的保障。

DSRC 与 LTE 各有优点，DSRC 的优点在于发展时间比较早，已经形成了统一标准，技术体系比较稳定；LTE 的覆盖范围更广、感知距离更长、网络传输时延更短，可以连接更多设备与应用，拥有广阔的演进发展空间。从某种程度上看，NR-V2X 是 DSRC 与 LTE 两种技术的融合，是自动驾驶与高级驾驶辅助系统的重要基础。随着相关标准不断完善，NR-V2X 将实现快速发展与演进。

（2）C-V2X 通信接口

C-V2X 支持两种通信接口，分别是直连通信接口和蜂窝通信接口。其中，直连通信接口也称为 PC5，是终端与终端之间的短距离通信接口，也就是车、人、路之间的短距离直接通信接口；蜂窝通信接口也称为 Uu，是终端和基站之间的通信接口，能够支持远距离、大范围通信。

PC5 具有低时延的特点，能够在没有蜂窝网络覆盖的情况下扩大通信范围，增强通信的可靠性，并提高通信的响应速度。除此之外，PC5 也是一种基于 LTE 标准的设备间（device to device，D2D）邻近通信服务的通信接口，既能支持 250km/h 的高速度、高密度通信，也能在没有 LTE 网络覆盖的情况下实现消息广播和基站与全球卫星导航系统之间的时间同步等功能，因此常被应用于交通安全、局域交通效率等业务场景当中。

Uu 具有广覆盖、可回传等特点，既能借助 LTE 广播将信息从 V2X 服务器输送到其他节点，也能利用无线 LTE 基站来为管理接口和调度 V2V 数据提供帮助，因此常被应用于信息娱乐、延迟容忍安全消息、远距离的道路危险和远距离的交通状况等业务场景当中。

（3）C-V2X标准化进展

C-V2X标准化的过程主要可分为以下几个阶段。

● 第一阶段：2017年3月，我国完成并发布首个支持LTE-V2X的3GPP R14版本标准，并针对辅助驾驶和交通安全对V2V、V2I、V2P、V2X等27类场景做出定义。

● 第二阶段：2018年6月，我国完成增强的LTE-V2X的R15版本标准，并对25项增强的V2X业务进行定义，将其分为基本需求、远程驾驶、车辆编队行驶、传感器信息交互和半/全自动驾驶五个类别。

● 第三阶段：2020年7月，我国完成首个支持NR-V2X的3GPP R16版本标准；2022年6月，我国发布增强的NR-V2X的R17版本，并将这两项标准作为LTE-V2X和LTE-eV2X的补充。与此同时，5G eV2X已经完成了需求规范，并对远程驾驶、通用需求、支持扩展传感、自动排队驾驶和半/全自动驾驶等25个用例进行了定义。

除此之外，我国还大力支持C-V2X的标准化发展，各个政府部门陆续出台相关政策文件对车联网产业进行指导和规范。2021年2月，工业和信息化部、交通运输部、国家标准化管理委员会联合发布《国家车联网产业标准体系建设指南（智能交通相关）》，为构建V2X通信体系提供了有效的指导；中国通信标准化协会（China Communications Standards Association，CCSA）积极参与制定总体要求、空口要求等V2X通信行业标准；许多行业协会和行业联盟也从技术和应用方面为C-V2X标准化提供支持。

2.2　V2X通信技术的应用场景

2.2.1　V2V技术的应用场景

V2V（车与车）主要指的是车辆间的通信，这项通信技术可以借助车辆间信息的共享来提升交通安全性、缓解交通拥堵、减少环境污染等，是ITS（智能交通系统）的重要组成部分。V2V通信采用了DSRC（专用短程通信）、IEEE 802.11p等特定的协议和标准，利用无线技术实现了车辆间信息的实时交换。具体来说，V2V

技术原理主要体现在如表2-3所示的几个方面。

表2-3　V2V的技术原理

技术原理	具体内容
信号传输	V2V通信利用无线电波传输信息，数据传输速率快、覆盖范围广
数据编码	V2V通信将传输信息编码成数字信号，再借助传输介质发送至接收端
消息解码	接收端会对收到的数字信号进行解码，还原为最初的传输信息
数据处理	接收端对解码后的信息进行过滤、验证、存储等数据处理操作
反馈机制	接收端会回复消息给发送端，确保信息传输的有效性、可靠性

简单来讲，我们可以把V2V通信理解为车与车之间的"对话"，车辆间凭借着这种实时"交流"来提高交通效率、减少拥堵以及提升道路安全性。这项通信技术具体可以应用于如图2-3所示的场景。

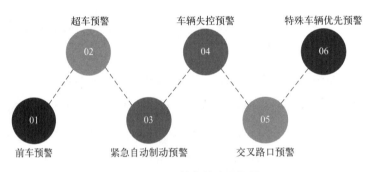

图2-3　V2V技术的应用场景

① 前车预警。车辆在行驶过程中会定时广播该车的位置、速度及变道等基础数据内容。其周围车辆会根据接收到的信息判断是否存在剐蹭的风险，若存在危险，会及时向驾驶员发出前车碰撞警告；反之，则会为驾驶员接下来的减速或变道等操作提供支持。

② 超车预警。车辆运行过程中会定时广播该车的位置、速度，特别是变道信息。当后车加速或需要超车变道时，前车会根据接收到的后车信息进行及时预警，防止车辆碰撞等状况发生。

③ 紧急自动制动预警。车辆行驶中，前车进行紧急制动时会自动将制动信息广播给周边车辆，周边车辆会在得到相关信息数据与即时性指令之后，判断本车是否与制动车辆存在碰撞风险，及时对驾驶员发出前车制动警告，从而有效地规避风险，为驾乘人员提供安全保障。

④ 车辆失控预警。在恶劣的天气条件下，车辆在行驶过程中存在车辆失控的风险。车辆失控预警可以在车辆运行突然出现紧急故障时及时发送相应警告给周边车辆，周边车辆在接到这一警告后，会采取相应的避险措施，防止发生重大交通事故而导致人员伤亡以及道路拥堵。

⑤ 交叉路口预警。车辆在经过交叉路口时会结合相应的指令接收模式来获得周边车辆的实时数据，通过周围车辆的速度和位置参数来判定是否存在碰撞风险，同时向驾驶员发出相应的驾驶警告。

⑥ 特殊车辆优先预警。行驶过程中如果遇到正在执行任务的救护车、消防车、警车等特殊车辆时，车辆会自动建立相应的联动模式，这时系统会发布相应信息和特殊指令，周边车辆在接收到信息后会主动进行避让，留出便捷行车通道，确保特殊车辆优先通过。

2.2.2 V2I技术的应用场景

V2I（车与路）技术主要指的是车辆与基础设施之间所进行的信息交换。这项技术通常会利用道路基础设施中的摄像头、视频监控等传感器来作为环境和车辆间的交互接口，利用其他的传感器，如测速传感器、路口信号控制器以及卫星定位系统等来进行通信交互。

V2I技术可以实现车辆与路网系统间信息的同步传输，车辆会将目前的状态、信息等传送给路网系统，而路网则会把路口状态、限速通知以及事件提醒等信息发送给车辆。根据车辆所发送的数据，路网系统可以分析车辆的行车信息，从而为城市交通的实时管理提供便利。

这项技术在助力改善当前交通运行效率的同时，还能够进行车辆间的信息交互，以保证驾驶的安全性。借助V2I通信技术，车辆可以及时获得道路周围信息，实现对周边事件的实时监控，从而降低行驶风险，实现安全驾驶。

V2I技术具体可被应用于如图2-4所示的场景。

① 交通信息广播。V2I技术可以与ITS相结合对实时性信息进行汇总处理。在路侧探测器发现某路段产生拥堵的情况下，该区域内的车辆会收到相应的广播，接收到信息后，车辆会及时将该警告信息发送给驾驶员，以便其及时掌握路况，在交通规则允许的情况下进行绕行，避免交通拥堵，提高交通效率。

② 事故预警。道路终端会定期将事故现场的实时信息发送给车辆，车辆接收到信息后会及时反馈给驾驶员，这时驾驶员会按照当下的形势来预先规划路线，对事

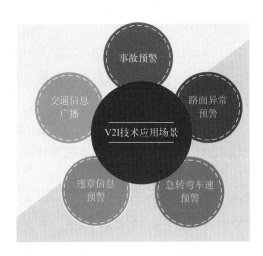

图 2-4   V2I 技术的应用场景

故发生的拥堵路段进行绕行，确保车辆行驶路线科学、合理。

③ 路面异常预警。路侧探测器会对探测到的物品掉落、道路施工、道路结冰等信息进行处理，而后定期将相关数据传输给该区域内的车辆，车辆在接收到指令后会启动相应的处理程序，之后及时反馈给驾驶员以便其配合落实相关操作，由此进行紧急避险。

④ 急转弯车速预警。通常情况下是路侧设备为周边车辆提供急转弯限速等信息，车辆接收到信息后立刻反馈给驾驶员，这时驾驶员会判定潜在风险并立即减速以安全通过急转弯道，保证车辆行驶的安全性和平稳性。

⑤ 违章信息预警。随着汽车保有量的持续增加，国家交管部门为有效确保道路通行安全，在各道路上装置了很多路面监控来对行驶车辆进行规范，然而目前相关的监控设施还没有进行各路段的全覆盖，在这种情况下就会存在部分驾驶员出现一些违规驾驶操作。举例来讲，如果一些限速路段没有装置监控摄像头，就会有车辆超速行驶，为车辆安全行驶带来较大隐患；还有在城市早晚高峰时段，会有车辆占用公交车专用车道；在高速公路上行驶时，会有车辆长时间占用应急车道等违法行为。

通过 V2I 技术可以有效避免以上行车过程中违法行为的发生。V2I 技术可以实时记录违章信息，车端可以向路侧发送实时速度和位置参数，路侧利用运算服务器来对其进行直接计算与评估，进而判定车辆是否存在违章行为、驾驶员是否违规驾驶。凭借着这类信息处理模式，交管部门可以对实时性的安全驾驶行为进行完整且合理的分析与评估，并建立相应的规范，打造更加合理的驾驶管理模式，达成最优的综合控制效果。

2.2.3　V2P 技术的应用场景

V2P（车与人）技术主要指车辆与行人间的通信技术。该技术主要借助行人的智能终端来检测行人位置、方向、速度，之后利用短波通信技术，获取周边车辆的位置、方向及速度，之后通过系统进行计算，如果认为双方或多方按照原有的状态继续运动会发生碰撞，就会在行人的智能终端上弹出警告信息；与此同时，车辆也会收到相关信息提示，这时车载系统会借助图像、声音等方式对驾驶员发出危险警告或提醒。

这项技术可以最大程度上确保行车安全，对众多道路使用群体都非常有益，譬如行走的人，上下车的乘客，骑自行车、电动车、摩托车的人，以及婴儿车里的儿童，等等。以上群体都可视作 VRU（vulnerable road users，弱势道路使用者），因为这些人群是在交通事故中伤亡风险最高的非机动车道使用者。V2P 通信可以有效保障弱势道路使用者的安全，因为它可以做到车辆与行人间的信息交换，不过它对交换信息的依赖程度较高，所以交换信息可靠与否对其具有较大影响。典型的防撞系统就是以这项技术为基础建立的，它可以与 VRU 定期交换安全信息。

V2P 技术可以用来维持信息分析效果的最优化，保证实时性管控工作的规范性。该系统算法主要通过对行人的准确识别、对碰撞时间的不断估计来判定何时需要激活警告系统、自动制动以及制动预填充等，以此来防止碰撞发生或降低碰撞的严重程度。

与之相关的行人检测系统可装置于车端、路侧或和行人共同使用，以此来向行人和驾驶员双方发出警告。不同于那些只能完成短距离内通信的行人智能终端，装置于路侧的行人通信设备性能更强，具备准确解释和预测行人运动的潜在能力。

现阶段，基于 V2P 通信而开发的碰撞警报技术主要有单边系统和双边系统两种，如图 2-5 所示。

图 2-5　V2P 通信的碰撞警报技术

2.2.3.1　单边系统

单边系统只向行人或驾驶员其中一方提供碰撞警报，具体可分为以下两种类型。

（1）行人预警系统

该预警系统可通过摄像头系统、穿戴设备技术以及基于基础架构的系统来检测车辆，若检测到车辆，会借助视觉、听觉或振动警报来对行人进行碰撞警告。随着智能手机的大规模普及，行人预警系统可以利用移动软件来访问，因此绝大多数行人都能够使用该功能。当然，如果可以做到下载此系统就能够把它集成在已有的设备中，会有更多行人倾向使用此类系统，不过不具备智能手机的行人就无法从中获益了。最为理想的行人预警系统要能够兼容全部蜂窝网络和所有智能手机平台。目前该系统还无法绝对保证行人安全，因为当行人身处闹市或手机不在手中时，也许会错过相关警报。

（2）驾驶员预警系统

该预警系统主要是通过车端或者路侧的传感器来检测行人，由此为驾驶员提供相应的警告，以免发生与行人间的碰撞。目前车端传感器主要有摄像头、红外摄像头和激光雷达等，摄像头可以凭借图像处理进行行人检测，红外摄像头用于弱光和夜晚条件下的行人检测，激光雷达则主要用于识别可见区域内的行人；路侧传感器主要有人行横道按钮以及重量传感器等，能够对进入道路的每个行人进行识别，而后以视觉或听觉信号的形式发送给驾驶员，这类传感器可以通过优化升级将行人检测功能纳入其中。目前的驾驶员预警系统成本较低，准入障碍较少，相对于下面将要谈到的双边系统，其商业化落地会相对较快。

不过该系统尚存在一些缺陷：其图像处理时间较长，会造成系统明显延迟；在恶劣的天气条件、光线阴暗或车辆与行人间有障碍物等情况下检测行人效率较低；可能会出现过多的错误警告致使驾驶员开始忽略相关预警信息，甚至关闭该系统；检测算法的不完善会使系统出现假阳性和假阴性问题。

2.2.3.2 双边系统

与单边系统相比，双边系统的优势更加明显，它可以同时为行人和驾驶员双方提供碰撞预警。双边系统还可以凭借蜂窝网络来使用 GPS、Wi-Fi 以及 DSRC 等进行通信，这样可以避免天气、环境、光照以及车速等对系统产生的影响，由此做到对车辆和行人的有效检测。

基于相关道路用户和基础设施间的通信，双边系统可以创建关于行人位置与运动方式的本地无线网络。利用 V2P 来实现驾驶员与行人之间的相互检测，同时在具有潜在的碰撞可能时向双方发出预先警告。

这种碰撞中所有潜在参与者均被同时警告的预警系统最大的优势是，在行人未能及时得知警报的情况下，驾驶员可能会及时进行风险规避，防止或减轻碰撞事故；反之，若是驾驶员未接收到警报，那么或许行人会及时作出反应。总之，只要有一方接收到警报便能大大降低碰撞事故发生的可能性。

若要保证双边系统预警的有效性，需要提高驾驶员与行人的预警系统使用率，因为如果只有少部分人使用该系统，那么此时车辆与行人间的通信是无效的。同时还需要不断缩短该系统数据通信的等待时间，因为一旦数据通信时间过长就会导致预警信息的即时性大打折扣，无法做到及时通知具有碰撞风险的驾驶员和行人。因此，接下来可以尝试改进数据压缩限制与电子通信以缓解 V2P 通信的延迟问题。

2.3　基于 5G 和 C-V2X 的公路信息服务

2.3.1　公路信息服务需求分析

近年来，随着新一轮科技革命和产业革命的深入推进，智慧道路基础设施和车联网等迎来了高质量发展的新机遇，绿色交通、平安出行等体现了人们对交通出行品质需求的日益增长，推进新一代国家交通控制网和智慧公路，推动车路协同信息服务落地，是未来发展的大势所趋。

与传统的公路信息发布方式相比，新一代的基于 5G 和 C-V2X（cellular-vehicle to everything，蜂窝车联网）的公路信息服务可以与更加智能的公路感知监测体系相配合，可以有效保证公路信息服务准确、实时。这种具有针对性的信息服务方式能够真正地解决交通问题，提升复杂场景路段的安全水平。

（1）现状分析

我国交通运输部提出到 2035 年全面实现公路数字化转型，要达成这一目标就需要进一步提升公路出行信息的共享性。目前人们出行信息更新渠道少且滞后，信息的内容缺乏针对性，出行者难以获得准确信息。

在出行服务方面，目前公路实际信息发布由于受技术水平限制，尚存在准确度低、渠道不清晰、精细化低等诸多问题，通过信息发布来进行实时预警以提升行车安全的方式也很少见，在这种情况下，发展车路协同技术显得关键且重要。

在世界范围内，车路协同的相关理论技术起步于欧美及日本等国，现已发展较为成熟，不过尚处在测试验证阶段。此外，有一些研究机构还与大型车企联合开发高级驾驶辅助系统，不过还都没有真正地完成商业化落地。

在我国，车路协同发展最快的地方是江苏省，设立的相关示范区处在南京、苏州以及无锡等地。近年来江苏率先提出全力打造"面向未来的新一代智能公路"，进一步推动智慧科技与交通行业的深度融合，有利于车路协同服务体系的构建与实现。

就出行信息的发布方式而言，5G 与 C-V2X 混合组网的方式较好，这种方式既能够在复杂的交通场景下进行 C-V2X 的测试验证，还可以针对一些场景进行 5G 车联网应用实验验证。总之，各类车路协同技术的根本目的是相同的，即保障人们出行安全、提高出行效率和服务水平。

（2）需求分析

在构建车路协同服务体系、推进智慧交通建设的过程中，不可或缺的一个功能模块便是 MaaS（mobility as a service，出行即服务），它可以结合大量交通数据资源信息为出行者提供路线规划等准确的出行服务信息，随着技术的发展，还能够为驾驶者提供秒级的实时路况预警等服务。

这种实时的路况预警服务对网络传输要求非常高，对交通运输部门的专网和信息发布的公网间的对接安全要求也很高，这时 5G 与 C-V2X 的优势便显现出来：5G 是大众通信的重要手段，不仅容量大、速率高，而且延迟低、可靠性高，可以满足车路协同的场景需求；C-V2X 具有接入迅速、可靠安全和低时延等特点，有助于车端与路端进行实时的信息交互。

2.3.2 车路协同路侧系统

根据中国汽车工程学会标准《合作式智能运输系统　车用通信系统应用层及应用数据交互标准》（T/CSAE 53—2020），车联网基础功能涵盖安全、效率和信息服务三大类 17 个应用。据此，我们将车路协同应用场景分为以下三类。

● 安全类应用场景：主要指前方事故预警、行人过街安全预警、道路施工预警等。

● 效率类应用场景：主要指危险化学品车辆提醒、交叉口车速引导以及附近紧急车辆提醒等。

● 服务类应用场景：主要指前方拥堵提醒、车辆进入示范路段提醒、服务区充电桩信息提醒等。

（1）路侧系统布设

以上应用场景划分中出现了交叉口类（交叉口车速引导等）的场景，下面以此为例来介绍一下路侧系统相关设备的布设，其中涉及的物理设备有OBU（车载单元）、带有RTK（real time kinematic，实时动态载波相位差分技术）的RSU（路侧单元）、行人过街设备、摄像头以及信号机。

路侧通信设备与感知设备还需打通数据链路，路侧数据有两种：一种是路侧静态数据，能通过手动输入将各种数据输入路侧单元；另一种是路侧动态数据，这类数据源自摄像头、信号机、行人过街设备等，负责开发路侧单元接口，方便采集与播发信息。路侧数据二次开发对接协议示意图如图2-6所示。

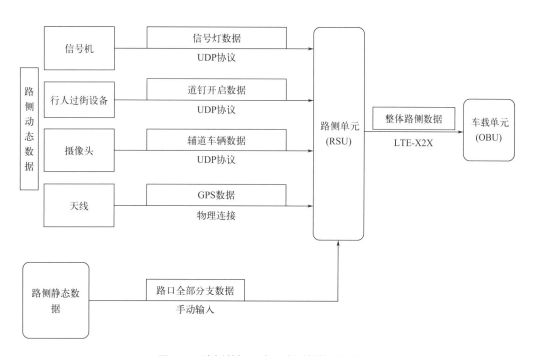

图 2-6　路侧数据二次开发对接协议示意图

（2）路侧静态数据播报

对于路侧静态数据，还是以交叉口为例，它可以对交叉口位置、分支等信息进行播报。例如，通过高精度定位导航系统来采集停车线中点的定位信息、测量并计算分支路口的极角等，之后将数据存储到路侧静态信息结构体中，并将其进行转化与加工，最终成为播报的应用层数据，再按照不同的协议接口对其封装，播报至通信范围内的车辆。

（3）路侧动态数据对接

对于路侧动态数据，以行人过街设备这一路侧终端为例，通过对设备数据的处理与分析来获取过街诱导灯的开启状态，之后也需要将相应的数据转换加工成为应用层数据，后面的步骤与静态数据播报相同。

2.3.3 车路协同预警算法

车路协同系统与单车智能相比具有诸多优势，如感知目标多样、感知范围广阔、感知信息准确等，其本身的智能化以及实时性有助于日后车辆避碰撞预警应用方面的研究，如车辆前侧向防碰撞预警、交叉口车辆防碰撞预警、车辆匝道口汇流/分流预警等。

（1）车辆避碰撞预警一般流程

通常情况下，车辆避碰撞预警的流程如图 2-7 所示。

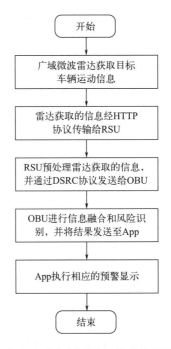

开始

广域微波雷达获取目标
车辆运动信息

雷达获取的信息经HTTP
协议传输给RSU

RSU预处理雷达获取的信息，
并通过DSRC协议发送给OBU

OBU进行信息融合和风险识
别，并将结果发送至App

App执行相应的预警显示

结束

图 2-7 车辆避碰撞预警的流程图

车路协同系统下的安全预警决策流程为：该车与目标车辆同时处于交叉口区域，这时进入流程，先找出此区域内与该车最易产生风险的目标车辆，继而分别求出两车进入冲突区域的时间，再通过时间的差值来判断两车是否有发生碰撞的风险，最终按照风险的有无来判断是否需要触发预警决策。

（2）车辆避碰撞预警算法

目前，车辆避碰撞预警算法指标主要有两类，分别是基于距离的算法指标和基于时间的算法指标，这两类指标都是按照指标值与阈值的大小关系来进行风险判定的。基于时间指标的算法主要采用碰撞时间和后侵占时间等时间刻度指标，其中后侵占时间指标多用于汇流车辆避碰撞预警等相关场景中。该指标还可以作为风险指标，依靠分别计算两辆车到模拟撞点的时间来求得时间差，然后进行风险判定。举例来讲，在车辆匝道汇流时于主、支线交会处预测模拟撞点，在此基础上借助路径诱导来对冲突点进行分离，若存在碰撞风险还要通过引导算法对先到达撞点的车辆进行车速引导。

车辆前向碰撞中还有一种常用的算法，即基于距离的算法，这种算法要分析的主要指标是固定车距，以此来分析两车不发生碰撞时可以保持的最小距离。

碰撞时间是车辆前向碰撞算法中需要着重考虑的部分。通常情况下，在车辆直线行驶时，要根据前方车辆驾驶情况进行驾驶策略调整，通过辅助预警避免与前方车辆发生碰撞。依据现阶段前向碰撞预警系统的测试规范，通常会考虑两车之间的三种碰撞风险：一是前车停止运行；二是前车减速运行；三是前车匀速运行。其中前车停止时的车辆碰撞预警应用场景如图 2-8 所示。

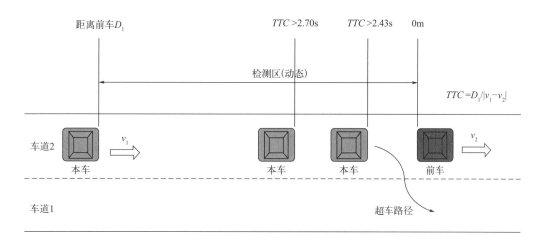

图 2-8　前车停止时的车辆碰撞预警应用场景示意图

2.3.4　车路协同信息发布

（1）信息对接方式

车路协同信息发布的对象主要是车内的驾乘人员，这种情况下车辆就需要通信终端的加持才能够达成车路协同组网，进而实现动态通信。目前车内信息的发布主要有以下方式：一是通过手机等终端设备来达成，这种方式便于研发者进行实验测试，不过兼容性与美观性稍差，而且还要为其开发相应的可以进行预警提示的应用程序软件；二是利用车辆车机自行发布，这种方式可以凭借车辆自带的显示以及语音系统等进行发布，兼容性与美观性较好，不过这种方式需要在开发时高度融合车路协同系统。

通过调查与梳理我们发现，现阶段车辆信息发布方式比较依赖移动终端设备，如手机、平板等，这就使得数据对接和传输变得尤为重要。车路协同信息对接方式主要有三种方案，如表2-4所示。

表2-4　车路协同信息对接方式比较

对接方式	原理	特点
车载显示（HUD或车机显示）+单独开发的软件	开发 App，安装在车载显示屏内，车载显示屏与 OBU 之间通过 Wi-Fi 热点通信，OBU 与 RSU 通过 LTE-V/DSRC 通信，可快速将信息发送给驾驶员	目前车路协同信息发布的主流方式，专网通信、低时延；不过要有车厂前装支持，开发成本也比较高
手机 + 单独开发的 App	开发 App，安装在手机上，手机与 OBU 之间通过 Wi-Fi 热点通信，OBU 与 RSU 通过 LTE-V/DSRC 通信，可快速将信息发送给驾驶员	需要再开发相关的应用程序，这类应用程序不具有较强的普适性，所以车路协同的价值发挥受到限制
手机 + 第三方平台 App	通过第三方出行平台的 App 进行信息发布，将路侧采集的信息通过光纤 /4G/5G 公网传输至后台并输入第三方平台，再通过 4G/5G 公网将信息发送给驾驶员	可使用手机等智能终端，受众较广；但因使用公网通信，时延较高，对于一些实时性要求高的场景适用性较差，如交叉口碰撞预警等

综上所述，从当前车路协同应用的发展情况来看，发布信息效果最好的方式是工信、交管等部门组织一些行业进行的车载自发布信息方式；车路协同自研 App 也在进行深入探索并逐渐成熟，不过受众有限，App 也没有普及，所以这一方式下一步的发展应当将重心放在积极高效对接第三方平台 App 上，利用其进行信息发布，这样才能提升公众参与感，提高其普及率。

（2）信息发布通信方式

前面我们谈到积极高效对接第三方平台 App，若要顺利对接需要先做好互联网这一公网与行业专网的融合。在网络通信技术上要结合蜂窝车联网、蜂窝移动网、蓝牙和其他物联网协议，目前车路协同信息发布的数据来源包括互联网和 C-V2X（cellular - vehicle to everything，蜂窝车联网）两部分，5G 网络通信更是为信息发布注入了新的活力。不过现阶段 5G 基站覆盖还不够全面，所以终端的 5G 信号接收有时不够稳定，时延较高，可用于对实时性要求不那么高的场景中。当前比较理想的方式是 C-V2X 和 5G 的融合发布方式，其信息发布通信方式架构如图 2-9 所示。

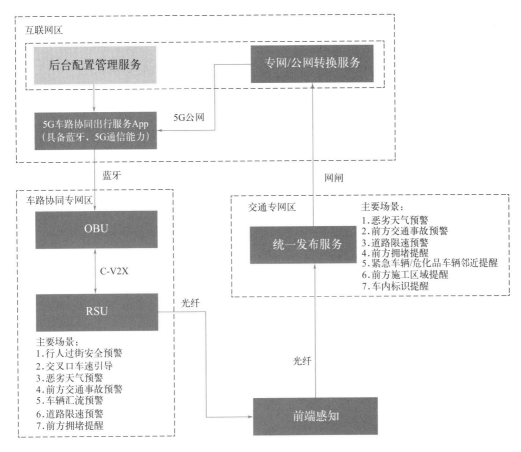

图 2-9　信息发布通信方式架构

　　在图 2-9 所示的框架下，前端感知设备和车路协同主要利用有线光纤进行信号传输，5G 公网主要用于后台配置管理服务，C-V2X 主要用于车路协同服务，其中通过蓝牙通信进行结构化数据中转以保证 C-V2X 和公网能够同时运行。5G 适用于前方施工区域提醒、前方交通事故预警、前方拥堵提醒等对延迟要求较低的场景；C-V2X 应用于交叉口车速引导、行人过街安全预警、恶劣天气预警、车辆汇流预警等对延迟要求较高的场景。还有一些场景可以通过 5G 公网和 C-V2X 混合发布，如前方交通事故预警、前方拥堵提醒、道路限速预警等。此外，利用高德、腾讯、百度等导航平台，可以通过手机导航 App 与车载单元进行通信，由此实现交通场景下的安全提醒，这样可以帮助驾驶人员规避风险，有效满足其驾驶需求。

　　（3）第三方平台数据开发

　　要想进行第三方平台数据的开发，需要深入调研互联网公网和行业专网之间数据的转换要求，还要明晰公路管理部门和平台发布时的审核机制。针对数据格式以及开发协议等方面，要根据各方之间的需求进行专门的 API 接口开发，第三方平台的主要数据源自车载单元和交通数据平台，信息的发布主要是由交通数据平台处理后传送至第三方导航平台，信息发布通信方式的具体架构如图 2-10 所示。

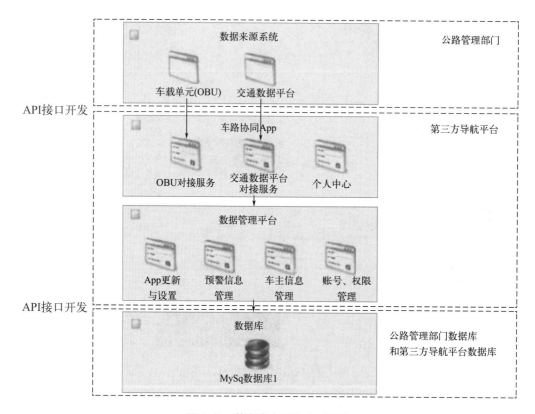

图 2-10　信息发布通信方式架构

第 3 章

基于车路协同的
自动驾驶

3.1　5G 车路协同自动驾驶

3.1.1　5G 车路协同平台架构设计

5G 车路协同平台是一个融合了 5G 信息技术和自动驾驶技术等多种先进技术的车联网平台，具有支持车辆在行驶过程中进行全过程、全方位的信息交互的能力，能够提高车辆与车辆、车辆与人以及车辆与道路之间的信息交互水平，增强车辆与道路之间的协同性，为汽车行驶实现自动化和无人化提供强有力的支持，从而有效减轻车辆驾驶员的驾驶压力。

就目前来看，车辆的驾驶环境具有复杂性高的特点，因此车辆在自动驾驶过程中需要及时获取和应用各项相关数据信息，并通过对各项数据信息的分析实现精准的智能化判断，同时充分利用 5G 等网络信息技术，确保行车的安全性和准确性。5G 等信息技术在自动驾驶领域的应用能够有效优化车路协同自动驾驶效果，推动车路协同自动驾驶快速发展。

5G 车路协同平台可以分为三大层，分别是平台层、网络层和道路层，各层的技术与功能如图 3-1 所示。

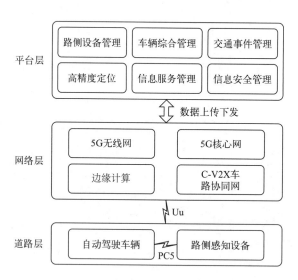

图 3-1　5G 车路协同平台架构设计

具体来看，5G 车路协同平台集成应用了包括自动驾驶、边缘计算、感知融合、高精度定位、C-V2X 以及 5G 等在内的多项技术，并采用了多级分布式计算架构，创建了中心云与边缘云对数据进行存储与计算。其中边缘云部署在区域级的边缘计算服务器上，利用 Uu 接口或 PC5 接口实现与车辆、道路的相互连接。车载终端、路侧设备产生的数据无须传输至中心云，可以直接在边缘云完成计算与存储，不仅缩短了数据传输时延，降低了数据来回传输所造成的网络负荷，而且在一定程度上减轻了车载传感器或路侧感知设备的计算压力与存储压力。下面对 5G 车路协同平台的三大层进行具体分析。

（1）平台层

平台层的主要功能如表 3-1 所示。

表3-1　平台层的主要功能

主要功能	详情
路侧设备管理	负责将路侧设备产生的数据传输至边缘云或者中心云，并进行计算与存储，再将处理结果反馈给路侧设备，辅助路侧设备做出相应的调整
车辆综合管理	负责将车载终端产生的数据传输至边缘云或者中心云，并进行处理，再将处理结果反馈至车载终端，控制车辆做出正确的驾驶行为；对车辆进行远程控制、调度管理；对车辆运输全过程进行有效监管等
交通事件管理	将车辆行驶全过程记录下来，为交通事件检测与分析提供可靠的依据
高精度定位	为车辆提供精准的定位与导航服务，基于车辆所处位置为其提供增值信息等
信息服务管理	为车辆提供多元化的信息，如天气、道路状况、周围的车辆状况等，为驾驶员提供通信服务
信息安全管理	提高平台的信息安全防护能力，保证信息传输安全

（2）网络层

网络层的架构设计具体分析如下。

① 5G 无线网使用一种新型的无线终端接入设备——CPE（customer premise equipment，用户前置设备）接收 5G 信号，并将其转换为 Wi-Fi 信号或有线信号，支持本地设备接入互联网。根据使用频率，5G 无线网可以分为两种类型：一种是中低频段的 5G 无线网，另一种是毫米波频段的 5G 无线网。目前，我国三大运营商开发的主要是中低频段的 5G 无线网。

② 5G 核心网有两种组网方式：一种是独立组网（standalone，SA），另一种是非独立组网（non-Standalone，NSA）。5G 车路协同使用的 5G 核心网采用的是独立组网方式，通过下沉 UPF（user plane function，用户面功能）完成边缘计算的部署，利用云端与边缘计算服务器承担 5G 车路协同业务，满足干线运输过程中的车路协同需求。

③ 边缘计算的主要功能是对车载设备与路侧设备产生的数据进行本地处理，减少对网络资源的占用，缩短数据传输时延，保证自动驾驶的安全，为车路协同的实现提供良好的条件。

④ C-V2X 车路协同网由两大模块构成：一是路侧单元（RSU），二是车载单元（OBU）。其中，RSU 主要有两大功能：一是通过直连信道与附近车辆的 OBU 连接，相互传输信息，从而实现车路协同；二是通过网络将需要传递给周边车辆的信息上传至车路协同平台，由车路协同平台将信息下发给目标车辆，从而实现车路交互与协同。

（3）道路层

道路层主要由自动驾驶车辆与路侧感知设备构成，其中自动驾驶车辆主要包括三大模块，分别是：负责感知周围环境，实现信号输出的感知模块；负责预测车辆的行驶轨迹并对行驶路径进行规划的决策模块；负责控制车辆运行的执行模块。具体架构如图 3-2 所示。

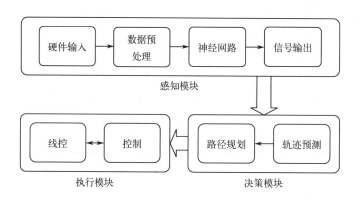

图 3-2 自动驾驶车辆架构设计

① 自动驾驶车辆的三大模块：

● 感知模块：主要利用激光雷达、毫米波雷达、摄像头、超声波雷达、卫星定位系统、车载单元等设备与应用感知周围环境、道路、车辆与行人的信息，生成点云数据、距离数据、图像数据等不同类型的数据交由神经网络进行处理，最终输出一系列有助于车辆决策的信息，包括车道线类型、位置、可行驶的区域、附近的障碍物、与障碍物的距离、障碍物的运行速度等。

● 决策模块：根据感知模块传输的信息对车辆及周围其他车辆、障碍物的行驶轨迹进行预测，进而调整行驶路线，重新规划行驶路径。

● 执行模块：根据决策模块规划的行驶路径开展一系列操作，包括转向、加减速、制动等，让车辆尽量按照规划的路径行驶。

②路侧感知设备主要包括路侧通信单元、高清摄像头、交通流微波检测器、激光雷达、边缘计算单元等，主要功能是拓展自动驾驶车辆的感知范围，借助 V2X 车路协同技术对人、车辆、道路、云进行一体化监测，与车辆进行信息交互，最终实现车路协同。

3.1.2　智能全域感知道路的构建

随着 5G 网络通信技术的发展，以 5G 为基础，集成了人工智能（AI）、物联网（internet of things）、云计算（cloud computing）、大数据（big data）、边缘计算（edge computing）的"5G+AICDE"技术生态逐渐形成，并融合北斗定位，共同赋能工业生产，推动实现在十多个垂直行业中上百种应用场景的应用落地。5G 与其他新兴技术的深化应用，可以促进资源、信息的共享，构建合作共赢的"5G+X"全新产业生态。

要实现自动驾驶，就要解决环境感知（识别行人、障碍物、路面情况等）、智能决策（基于相关算法快速处理各种信息并做出决策）、车辆控制（相关零部件和设备接收并执行系统指令）、路线规划（路径规划与定位导航）四个关键问题。5G 车路协同，就是将 5G 通信运用到自动驾驶的各个环节，充分发挥 5G 的低时延、高带宽、连接量大等优势，促进车联网、北斗卫星导航系统等技术的深化融合应用，实现交通管理、车辆行驶的智能化与自动化。

车路协同发展初期，更加侧重于对车辆本身智能化、自动化驾驶技术的开发，而不重视交通管理等宏观层面上的创新升级，其整体构想并不成熟。随着车联网技术的发展和 5G 技术在交通领域的深入实践，5G 车路协同成为未来智能交通的重要发展方向。

构建 5G 智慧道路是实现 5G 车路协同自动驾驶的重要手段，而智能全域感知道路又是智慧道路的重要实现方式，它主要集成了全域感知、信息交互、规划决策等功能，如图 3-3 所示。

（1）全域感知

全域感知规划决策的基础，主要是在路侧铺设相关智能感知设备，包括将新的智能感知设备纳入道路工程项目规划和对旧的道路基础设施进行更新。全域感知主要以相关道路标识、交通信号灯、道路施工或交通事故信息、道路拥堵情况、车辆姿态、行人及障碍物信息等内容为感知对象，综合各种动态道路因素实现数字网联

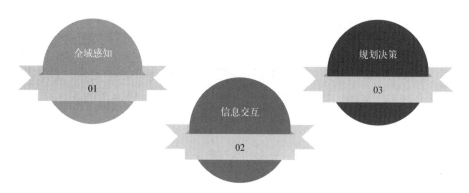

图 3-3　智能全域感知道路的主要功能

化，为自动驾驶系统的智能化决策提供依据。

（2）信息交互

信息交互是以光纤有线连接和 5G 无线通信为基础，通过相关网络协议和接口设置，实现传感器层面、车联网层面和用户终端的数据传输，以使各类动态信息能够及时共享，保证信息的有效性和可靠性，进而保证自动驾驶车辆在行驶过程中的安全性。车与车、车与人、车与路之间的互联互通，能够进一步为自动驾驶系统的决策提供参考。

（3）规划决策

规划决策是基于特定的算法或模型，对相关人 - 车 - 路等环境感知数据、交互数据进行整合、分析、预测，为车辆提供路权等级、行驶路径等基本信息，引导车辆分流，避免交通拥堵等。规划决策主要涉及人工智能、边缘计算及大数据等技术，它可以基于动态数据的分析对相关交通风险及时预警与干预，从而推动实现道路交通管理的智能化、数字化。

车路协同自动驾驶集成了智能感知、大数据、云计算、边缘计算、人工智能等新兴技术，是未来智慧交通的重要发展方向，5G 通信在其数据交互中能够发挥基础性作用，实现车内网、车际网、车云网、车与人之间的实时信息传递与共享。车路协同自动驾驶不仅代表着未来出行的发展方向，也可以促进相关电子技术、通信技术、自动化技术与交通产业和汽车产业的深度融合，在创造经济效益的同时也能够推动生产力发展，促进产业创新与转型，推进供给侧结构性改革，为我国向制造强国、交通强国迈进提供重要的实践经验。

5G 车路协同自动驾驶示范区的建设，在未来能够推动智慧城市、智慧交通的协同发展，连带促进区域内汽车产业从研发设计到零配件供应，再到整车装配的产业体系不断完备，进一步实现自动化、智能化转型，不断填补智能网联汽车产业的技术短板，为我国汽车产业的发展添砖加瓦。

3.1.3　智能路侧设备系统及应用

智能路侧设备是实现道路基础设施网络化、智能化的一系列设备的统称，主要用于路侧环境数据的采集与分析，包括 C-V2X RSU 设备、路侧感知设备、路侧气象设备、路侧道路环境监测设备与路侧边缘计算（MEC）设备等，如图 3-4 所示。

图 3-4　智能路侧设备的系统构成

（1）C-V2X RSU 设备

C-V2X（C 为 cellular，V2X 即 vehicle to everything）是由蜂窝通信技术演进形成的车用无线通信技术，RSU 作为其路侧单元，是实现车路协同的关键设备之一，发挥着采集并传递道路交通信息的重要作用。C-V2X RSU 设备将采集到的车流密度、路面状况、天气状况、路侧遮蔽物后的行人和车辆等信息传递到相关处理平台，同时将裁定后的交通信息反馈至需求终端，有助于提升交通运行效率，降低交通风险。

车载单元（OBU）是安装在车辆终端上的信息交互单元。一方面，OBU 从路侧单元（RSU）获取相关交通信息，以辅助驾驶员迅速熟悉路况，拓宽驾驶员视野，增强对车辆运行状态的感知，从而降低行车安全风险；另一方面，OBU 将车辆传感器或车载网络采集到的数据信息进行解算并传到路侧单元，包括信号灯及交通标识等环境数据、车辆位置、车辆运行状态等信息。通过信息交互，车载单元可以发挥车速引导、限速预警、拥堵提醒、事故隐患提示等作用。

（2）路侧感知设备

在交通运输场景中，图像感知技术与雷达感知技术的运用较为广泛，主要的路侧感知设备有路侧视频设备、路侧激光雷达、路侧毫米波雷达等，如图3-5所示。

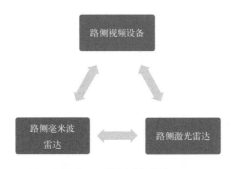

图 3-5　路侧感知设备

① 路侧视频设备。路侧视频设备主要有枪型摄像机、全景摄像机、高清摄像机、视频雷达一体机等几种类型，具体如表3-2所示。

表3-2　路侧视频设备及其功能

路侧视频设备	主要功能
枪型摄像机	主要用于城市道路车流量的测控，可以识别混行车道上目标车辆的基本属性，同时也适用于夜间或光线不充足的地区
全景摄像机	可以实现大范围无死角的监控拍摄，同时也能够针对某一目标进行特写，对不同监测需求有着广泛的适应性
高清摄像机	配有 AI 摄像头、终端服务器及相关通信组件，除了能够对监测目标进行准确识别与分析，还能够直观地展示出实时交通状态和各种详细信息，并将相关监测数据进行封装上传
视频雷达一体机	融合了雷达感知技术，克服了一些图像感知存在的弊端，在未来可能成为路侧感知设备的主流

② 路侧毫米波雷达。毫米波雷达具有精度高、监测范围广、速率快，能够同时精准识别大量动态目标等优势，可以对道路上的行人、车辆、动物等进行实时跟踪监测，并依托于通信模块，将所采集的大量路况、环境信息传递到自动驾驶车辆、移动设备等终端，满足不同车辆的驾驶需求。

③ 路侧激光雷达。路侧激光雷达的基本原理是通过发射激光来对周围事物进行测量，发射的激光线束越多，所感知到的细节就越多（如物体的轮廓、距离等），通过不同角度的部署，可以准确感知监测区域的三维信息。其优点在于感知范围大、精度高，不会受到光照等因素影响，有着更强的识别能力，能够为驾驶员提供远超视距范围的路况信息。

（3）路侧气象设备

在交通场景中，路侧气象设备发挥着重要作用。气象监测系统主要由气象传感器、气象数据采集仪和计算机气象软件组成，有数据采集、存储、管理和数据交互功能，是一种自动化程度较高的气象采集系统。例如，在国道途经的山区或郊外，风速、风向、降雨、降雪、浓雾等因素对车辆行驶的干扰较大，因此对气象环境的监测尤为重要。

（4）路侧道路环境监测设备

这里所说的是专门针对路面环境进行监测，将相关的湿度、温度等传感器配置在特定位置，对路面湿滑程度、覆冰厚度、积水深度、积雪厚度等路面环境进行实时监测，从而针对相关风险做出预警，避免安全事故发生。

（5）路侧边缘计算（MEC）设备

边缘计算（mobile edge computing）作为一种靠近数据源的分布式的计算方法，在路侧场景中的应用主要有三个层面的要求。

① 数据交互层面，要求能够支持多种设备接入及信息交互，包括路侧单元（RSU）、车载单元（OBU）、智能化交通控制设施（交通信号灯、标志等）和摄像头、毫米波雷达等感知设备采集的信息，同时也需要连接云平台，或是将相关计算结果反馈至相关终端。

② 算法层面，要求能够对不同感知设备采集的数据进行融合处理，且具有较高的实时性要求。

③ 风险预警层面，要求所配置的 MEC 具备 ITS（intelligent traffic system，智能交通系统）相关协议处理能力，通过对车辆或行人的动态行为的分析，预测可能发生的风险，并及时反馈到车辆 OBU 端进行预警。

3.1.4　车路协同自动驾驶管理平台

车路协同自动驾驶管理平台主要包括以下模块，具体如图 3-6 所示。

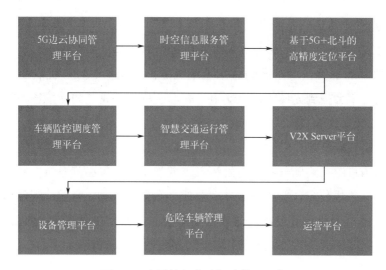

图 3-6 车路协同自动驾驶管理平台

（1）5G 边云协同管理平台

边云协同主要是指边缘计算节点与云端的协同管理。边缘计算节点中包含边缘 PaaS 平台和相关边缘应用的开发，及相关基础设施的配置；云端的边云协同管理平台则更为复杂，需要处理来自边缘计算节点及其他来源的数据，通常包含边云协同大数据平台、边云协同 PaaS 管理、边云协同基础设施管理平台等。

（2）时空信息服务管理平台

时空信息服务管理平台是推动建设智慧交通、智慧城市的重要实践，它集成了智能传感、大数据、边缘计算、5G 通信等先进技术，依托于海量环境感知数据和信息交互数据，为人们日常出行和自动驾驶提供可靠的信息服务和风险预警服务。相关信息服务平台的建设，可以将海量动态信息数据实时传递到车辆智能控制平台，从而拓展网联汽车的感知范围和信息采集能力，在智能网联汽车产业发展中发挥基础性作用，促进整个网联智能驾驶体系创新完善。在增强单车感知能力的同时，也可以促进车路协同体系的完善，使路侧数据与车辆应用需求更好地对接。

（3）基于 5G+ 北斗的高精度定位平台

在边云协同架构的基础上，依托于边缘计算节点进行 RTK（real time kinematic）定位解算，同时融合全球定位系统、北斗卫星导航系统等技术成果，可以构建高性能、跨平台、可扩展、适应性强的 GNSS（全球卫星导航系统）定位平台。同时，充分发挥 5G 网络的高速率、高带宽、低时延、大传输等优势，在区域范围内为智能交通管理、自动驾驶和车路协同提供全天时、全天候、高可靠性、高精度的实时定位导航服务。

（4）车辆监控调度管理平台

基于车联网等数据信息交互平台，可以实现对网联汽车和自动驾驶汽车的有效管理与控制。平台服务对象主要分为监管侧和个人用户侧，用户根据其使用权限，可以通过平台自主查询车辆信息，对车辆运行状态进行实时监控，对车辆位置进行追踪，并根据需求进行车辆调度等。

（5）智慧交通运行管理平台

平台基于各地区交通管理的业务需求，并结合相关算法和数据模型对采集到的海量交通信息进行整合与分析，完成对城市交通运行情况的评估，具体包括车流量、车辆信息、某一区域的事故发生率等，通过历史数据与实时数据的对比，对道路未来交通情况进行预测，并对可能发生的交通风险进行预警。

（6）V2X Server 平台

V2X Server 平台是主要服务于终端用户的信息开放与共享平台，可以实现路侧感知数据、车端数据、交通管理者平台数据、TPS 平台数据等多渠道的数据交互，通过接入车载终端或用户的手机端，为其提供实时路况等有效信息，进而改善用户驾乘体验，如通过合理规划路线避开拥堵路段、路口易发事故风险提醒等。

（7）设备管理平台

设备管理平台主要用于监控相关路侧设备的运行状态，并进行统筹管理，如设备维保提示、标记、定位与数据查询等。同时，设备管理平台与各种硬件接口或网管平台对接，对相关设备数据进行整理与存储，保证信息的安全可靠。

（8）危险车辆管理平台

对于进行石油化工产品、特种气体等危险品运输的专用车辆，建立相应的管理平台，其管理措施包括：通过专门机构对可能发生的风险进行评估，对运输路线、运输物体进行报备，并进行相关行政审批等；在运输过程中进行全流程管控，选择适宜的运输路线和运输时间等，最大限度规避风险。

（9）运营平台

运营平台的主要目的在于构建能够满足不同场景交互需求的闭环生态系统，以适应不同的 V2X 应用场景。运营平台可以深度挖掘所汇集、存储的不同信息之间的联系，并结合用户反馈，促进算法升级，为车辆管理系统提供优化思路，发挥自动驾驶汽车商业运营模式的示范作用，同时通过有效信息的共享与交互，更好地为自动驾驶汽车服务。

3.2　车路协同感知系统

3.2.1　协同感知系统构成

通过协同感知系统，车辆可以从多种途径获取自身和外部的各种交通数据。例如，毫米波雷达、激光雷达、摄像头、GPS 等车载传感器可以辅助车辆获取所处位置、运行速度、周边环境等信息；信号机、微波雷达等路侧传感器可以辅助车辆获取路面状态、视距之外的交通环境、车流量、信号灯状态等信息。由于不同来源的信息可能不对称，因此需要通过云计算、边缘计算等技术对采集到的数据进行协同处理，筛选、融合并充分利用有效信息，从而实现对车辆的智能控制，并促进交通调度、交通综合管理的协调运行。

协同感知系统主要包括以下功能模块，如图 3-7 所示。

图 3-7　协同感知系统的功能模块

（1）车载感知系统

车载感知系统主要涵盖了安装在车辆上的摄像头及雷达传感器、车辆运行参数（如温度、振幅、速度等）传感器、卫星定位系统及配套的微处理单元等，主要分为环境感知模块、车辆感知模块和卫星定位模块等。

（2）道路交通路侧感知系统

道路交通路侧感知系统的感知范围更大，所运用的感知手段也更丰富，主要通过道路上的超声波雷达感知器、激光雷达感知器、信标、摄像头、路面路况监测器、气象站等采集交通环境数据。该模块主要可以分为道路交通感知模块、路面状况感知模块和道路气象感知模块等。

（3）实时数据处理系统

在车路协同服务平台的运行中，云端计算、局部计算和边缘计算为数据处理与分析提供了重要的算力支撑，从而解决了车路协同服务平台在复杂的数字化交通系统中的协同与控制问题。云端计算主要是指云计算中心，支持对各部分数据的统筹处理；局部计算主要面向交通情景中的集中部分，例如以信号机为核心的区域计算单元；边缘计算则主要运用于路侧单元中，可以对区域内的数据进行快速处理，按照配置要求上报至云端或直接下发至需求侧。实时数据处理的主要作用体现在以下几个方面。

① 根据实时交通运行情况，并结合目的地及高精度地图导航数据，为用户提供最优路径规划及交通诱导服务。

② 通过边缘计算单元，追踪并分析单个车辆的运行轨迹、运行参数，可以判断车辆是否违章，并对违章车辆进行实时预警；此外，可以实现对肇事逃逸车辆的实时追踪。

③ 可以实现对区域内动态交通情况的实时监测，并综合交通流量、道路障碍物因素、路面状况、气象条件和卫星定位等数据，对道路上的潜在风险（如视野盲区障碍物、路面结冰、大雾大雪影响可见度等）进行安全预警。

④ 通过对来自车端、路侧、云端的交通信息的存储、整合、分析和应用，可以实现交通信息资源共享与信息协同，从而为行驶车辆提供更可靠、更优质的交通信息服务。

⑤ 通过实时交通数据的检测与分析，可以促进全路网交通的有效组织与疏导；基于数据库中大量交通信息的积累，有利于完善交通管理机制，针对疑难交通问题提出科学的组织与优化对策，以促进交通资源调度，改善交通环境。

云平台基于其强大而高效的数据处理能力，可以对交通信息进行有效利用，根据业务需求作出相应的决策部署，对综合交通服务起到强大的支撑作用。例如，平台可以从用户需求出发，规划合理的行驶路线，避开拥堵路段，并对障碍物、视野盲区等异常情况及时预警；企业可以是各种应用的提供方，基于云平台，可以促进相关应用的研发改进，实现技术优势向经济效益的转化；交通管理部门可以基于区域内、时段内的交通数据，优化交通组织管理。

（4）多传感器信息融合系统

多传感器信息融合系统是车路协同感知系统的重要组成部分。通过多种途径采集到的交通信息数据量庞大，且可能存在冲突或不对称的情况，无法直接为控制系统所用，因此需要对信息进行整合，筛除冗余信息，保证信息的准确性。

其基本运作机制是：信息融合系统依托于相关计算机技术及算法，结合传感器设备采集数据和人工观测信息进行综合分析，产生符合某一特定时空或观测对象实际情况的一致性描述，从而实现对内部和外部环境的准确感知。根据车路协同系统的运行环节，可以将融合类型细分为数据级融合、特征级融合和决策级融合，在不同阶段辅助海量交通信息的处理，以提高信息利用率、准确率和数据运算效率。

根据多传感器信息处理在整个融合流程中的先后关系，可以将融合算法划分为前端融合算法与后端融合算法，如图3-8所示。前者侧重对特征集、数据集的融合，一般只有一个感知算法；后者则侧重目标集的融合，感知算法的数量与传感器的数量对应。可以将感知算法的数量作为判断前、后端融合算法的依据，以下对两种类型的算法进行详细介绍。

图 3-8 多传感器信息融合算法的两大类型

① 前端融合算法。前端融合算法的基本思路是将不同传感器视为整个传感系统中相互联系的部分，而数据融合在传感器进行信息处理的前端就已经发生。其特点在于：可以基于不同感知数据间的关联性，实现原始感知数据在时间、空间上的同步，并对数据进行校准，从而获得兼具实时性、准确性的感知信息。

例如，车载VSLAM（visual simultaneous localization and mapping，视觉同时定位与地图构建）模块的主要作用是基于感知数据进行自动定位导航，而如果对摄像头、里程计数器等传感器数据进行前端融合，可以有效修正感知误差，提高定位精度。在自动驾驶场景中，前端融合的感知数据可以对感知目标的颜色、形状、运动状态等信息进行准确描述。

② 后端融合算法。后端融合算法支持对多个传感器采集的信息进行整合分析，以获得对感知对象的一致性描述，从而提高感知系统的可靠性和准确性。由于该算法是"松散"的，所以又被称为"松耦合算法"。在该算法输出结果之前，每个感知器（数据源）都独立运行，分别提供实时采集到的感知数据，并不相互干涉与约束。

例如，针对同一感知目标，摄像头提供处理后的图像数据，激光雷达提供处理后的点云数据，毫米波雷达则提供计算后的距离、运动状态等数据；这些数据可以按照一定规则转换为空间坐标系下可被算法识别、读取的特征矢量，并进行模式识别处

第3章　基于车路协同的自动驾驶 | 063

理；然后通过后端融合算法对其进行关联、整合，获得关于感知目标的最终信息。

从自动驾驶汽车的运行来说，传感系统可以为自动驾驶系统提供自车运行数据、道路环境数据等多方面的信息，但目前任何感知技术都存在局限性，如摄像头和激光雷达的感知精度容易受到光线明暗变化和极端天气的影响，毫米波雷达的探测距离相对较短且成本较高等。因此，采用多种类型的传感器进行协同感知，对各种感知数据进行融合分析，是充分发挥传感器优势、弥补其缺陷，获得可靠感知数据，进而辅助控制决策，保证驾驶安全性的重要方法。

3.2.2　协同感知信息融合

协同感知信息融合的方式主要包括图像融合、点云融合和图像 - 点云融合，如图 3-9 所示。

图 3-9　协同感知信息融合的方式

（1）图像融合

图像融合通常需要用到摄像头等视觉传感器设备，这类设备具有成本低、研究和应用较早、采集的数据量大等特点，能够为图像融合提供分辨率较高且目标分辨效果较好的图像信息，但同时也存在网络过载、传输时延高、协同感知时效性差等不足之处。

图像融合可以按照成像设备 / 成像设置划分成多模图像融合、数字摄影图像融合和遥感影像融合三种类型，如图 3-10 所示。

图 3-10　图像融合的三种类型

① 多模图像融合。传感器可以利用自身的成像原理来获取场景信息，但单一类型的传感器设备能够获取的场景信息十分有限，而多模图像融合可以在某一图像中整合来源于多个传感器的信息，大幅提高场景表征的有效性和全面性。就目前来看，医学图像融合、红外和可见光图像融合等都是较为常用的多模图像融合方式。

② 数字摄影图像融合。受光学器件的限制，数码相机难以适应所有的光照变化情况，也无法在单一设置下全面采集成像场景中的各项信息，只能对预定义景深中的场景进行清晰呈现，而数字摄影图像融合可以通过多曝光图像融合和多聚焦图像融合的方式来融合数码相机处于不同设置的情况下所拍摄的各类图像，并对这些图像进行融合，进而生成具有高动态范围和全聚焦等特点的融合图像。

③ 遥感影像融合。在确保信噪比符合要求的情况下，单一类型的传感器无法获取兼具高空间分辨率和高光谱分辨率的图像，而遥感影像融合能够通过融合空间分辨率和光谱分辨率不同的图像的方式来生成同时具有高空间分辨率和高光谱分辨率的融合图像。就目前来看，多光谱与全色图像融合是较为典型的一种遥感影像融合场景，同时遥感影像融合也可以按照其源图像的成像角度划分到多模图像融合当中，但与多模图像融合相比，遥感影像融合在空间和光谱保真度方面的要求更高。

（2）点云融合

点云融合通常利用雷达从不同的角度和视点获取各项点云数据，能够充分发挥雷达在分辨率、探测范围和抗光照干扰等方面的优势，为自动驾驶汽车提供识别、测距和定位等服务。

点云数据的融合大致可划分为数据级融合、特征级融合和决策级融合三种融合类型，不同类型的点云数据融合对协同感知效能的影响也各不相同，具体如表 3-3 所示。

表3-3　点云融合的类型及特点

类型	主要特点
数据级融合	具有起步时间早、精度高和数据量大等特点，能够在不对数据进行预处理的情况下完成点云数据融合任务，且车辆之间共享数据的准确性不受数据处理算法的异质性的干扰，能够在一定程度上保证车辆的协同感知效能
特征级融合	具有研究较多、应用较广的特点，能够从原始数据中获取和融合各项特征信息，但同时也存在易受无线通信网络的影响的缺点，网络的带宽和时延会直接影响到原始点云数据的共享情况

类型	主要特点
决策级融合	具有融合效率高的特点，能够利用各个单独的传感器来获取物体检测信息，并对检测结果进行融合，是车辆进行数据共享的有效方法，但现阶段关于决策级融合在数据共享方面的应用的研究较少

（3）图像 - 点云融合

由于各项内在条件和外在条件对传感器设备的限制，摄像头难以实现对目标的深度信息的有效检测，且实际检测过程极易受到天气和光照等因素的干扰，雷达无法实现高分辨率的精准感知，且在感知远距离的小目标方面存在成本较高等不足之处，能够有效抵抗各项干扰因素的毫米波雷达也无法确保视场的全面性和检测的分辨率，导致单模式的多传感器数据融合无法充分发挥作用。

图像 - 点云融合能够利用物联网来获取和融合各项数据信息，是现阶段支撑大部分自动驾驶汽车实现协同感知的有效方法。就目前来看，自动驾驶汽车中应用的融合方法主要包括基于卡尔曼滤波的数据融合估计方法、基于贝叶斯的分布式融合方法和基于神经网络的方法。

摄像头和雷达的数据融合具有目标探测性能较强、环境信息多样化等优势，但同时两种设备在线束数量和探测距离方面存在差异，因此来源于二者的环境信息数据量也不同，最终无法充分确保协同感知的实时性和目标识别的准确性。

传感器的空间和时间对齐是传感器信息融合的前提。具体来说，空间对齐大多具有恒定的转弯率和加速度，需要通过转换各个传感器数据目标的坐标的方式来对传感器信息进行融合；时间对齐大多通过无痕变换的方式来变换物体坐标，处理好边缘计算节点的信息采集和其他车辆的信息接收之间的信息差问题是其有效发挥作用的关键。

3.2.3　协同感知信息分享

自动驾驶汽车与边缘计算节点之间的协同感知信息（collective perception message，CPM）的传输对网络的带宽和时延有着较高要求，为了确保协同感知信息传输的及时性，应进一步增强网络性能。除此之外，车辆流动性、市场渗透率等问题也是影响车辆与边缘计算节点的协同感知效果和网络通信质量的重要因素，同时CPM 共享策略也在协同感知的过程中发挥着重要作用，科学合理的 CPM 共享策略能够对车辆共享感知数据的频率、类型、数量等具体情况进行确认。由此可见，网络通信技术和共享策略是车辆实现协同感知信息分享的关键。

3.2.3.1　协同感知信息共享网络

现阶段，车辆协同感知信息分享过程中所应用的 V2X 通信技术主要涉及专用短程通信（DSRC）和基于蜂窝网络的车路协同（C-V2X）两种技术。

（1）DSRC

DSRC 具有时延低、传输速率快等优势，能够在网络层面为点对点通信和点对多点通信提供强有力的支持，在车与车（V2V）以及车与路（V2I）之间的信息交互中发挥着重要作用。但 DSRC 无法为可靠、高效的 V2X 应用提供有效支撑，尤其是在车辆密度大、车辆运行速度快的情况下，DSRC 将无法充分发挥自身通信性能。

（2）C-V2X

C-V2X 通信具有可靠性强、数据容量大和覆盖范围广等诸多优势，能够支持车辆与道路以及边缘服务器进行信息交互。具体来说，C-V2X 主要包括 LTE（长期演进，Long Term Evolution）-V2X 技术和 5G-V2X 技术，能够在物联网的支持下助力自动驾驶汽车实现自动驾驶协同感知，并进一步提高数据传输的可靠性和实时性，降低水平切换频率。

（3）DSRC 和 C-V2X 技术混合

就目前来看，物联网在车路协同中的应用逐渐广泛，所发挥的作用也越来越大，同时单一的 V2X 技术在协同感知中的应用的局限性也逐渐显露出来，因此相关研究人员需要探索有效的解决方案，通过 DSRC 和 C-V2X 技术混合的方式来提高 V2X 在协同感知方面的高效性和可靠性。

DSRC 和 C-V2X 技术混合既能够支持蜂窝网络在稀疏网络中的 V2V 多跳连接中断时对自动驾驶汽车的数据进行备份，也能够自主选出符合驾驶场景和性能方面的各项要求的通信模式，并降低数据传输的时延，提高通信的可靠性。

现阶段，智能网联汽车的应用范围较小，支持数据传输的通信链路的稳定性在距离等因素的影响下难以快速匹配到符合实际要求的边缘计算节点，因此汽车以及交通行业还需进一步加大车路协同相关基础设施的建设力度，部署更多优质的智能设备，并通过提高智能网联汽车的市场渗透率的方式来优化车辆的协同感知效果，提升通信质量。

一般来说，智能网联汽车中都装配有在配置、数量等方面各不相同的传感器和通信设备，能够通过互相协同的方式感知和共享各项数据信息，减小穿透率的影响，扩大车辆的感知范围。

3.2.3.2 协同感知信息共享策略

无线信道无法支撑高频的协同感知信息共享，因此协同感知信息共享频率过高时将会造成信道拥堵的情况，进而出现感知信息年龄过大、感知精准度不足等问题。除此之外，车辆对所有感知数据的共享也会造成信息冗余问题，进而导致浪费大量计算资源和通信资源，但不全面共享所有感知信息则会严重影响感知的完整性和准确性，因此智能网联汽车需要利用具有明确的共享感知数据的频率、类型和格式等内容且科学合理的共享策略来完成自动驾驶协同感知任务。

3.2.3.3 网络性能对协同感知的影响

网络性能对协同感知的影响主要体现在数据包丢失率、计算延迟和信道拥塞控制等方面，如图 3-11 所示。

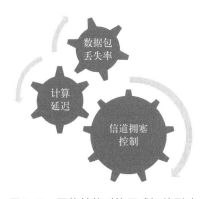

图 3-11 网络性能对协同感知的影响

（1）数据包丢失率

数据包丢失率（丢包率）可以体现出目标节点丢失的数据包在源节点应用层发送的数据包中的占比情况，一般来说，丢包率会受天气、光照和通信质量等因素的影响，当丢包率较高时，感知结果的可靠性将大打折扣，甚至会造成无法进行有效的协同感知的问题。

（2）计算延迟

计算延迟指的是任务卸载延时、数据融合计算延时和结果反馈延时，具体延时情况通常与计算任务大小、无线信道带宽、边缘计算能力和移动设备的计算能力等因素相关。

（3）信道拥塞控制

信道拥塞的原因大多是感知信息共享频率过高，为了解决信道拥塞问题，车辆需要充分发挥分散式拥塞控制（decentralized congestion control，DCC）的作用，通过降低协同感知信息的冗余度的方式来优化协同感知信息生成策略，通过传输速率控制、传输功率控制等方式来控制传输参数，进而提高通信信道的畅通性，增强协同感知信息的及时性和准确性。

由此可见，共享网络和信息共享策略是智能网联汽车在物联网环境下实现自动驾驶合作不可或缺的内容。DSRC 和 C-V2X 能够在网络通信方面为智能网联汽车在物联网环境中实现协同感知提供强有力的支持，其二者的混合架构也能够满足不同的物联网应用需求。

近年来，信息通信技术的快速发展为智能网联汽车实现低时延、高可靠性、高吞吐量的数据信息共享和交互提供了技术层面的支撑，同时也可以分析、优化和完善标准 CPM 规则，并以 CPM 的重要性和相关性等信息为依据优化协同感知信息共享策略，从而获取更加优质的协同感知信息。

除此之外，协同感知信息传输还会受到交通流量、市场渗透率和通信距离等因素的影响，易出现数据包丢失、计算延迟、信道拥堵等问题，进而对协同感知的效果造成影响。就目前来看，相关行业还未建立起较为完善的关于协同感知通信技术和共享策略的有效性评价指标，因此后续在制定 CPM 共享策略和构建相关评价体系的过程中应综合考虑车辆流动性、市场普及率等各项相关因素，充分确保车辆的通信性能可以满足其实现车路协同自动驾驶的需求。

3.3 基于 V2I/V2N 的感知融合系统

3.3.1 感知融合系统架构

感知系统是智能汽车中的重要组成部分，能够广泛采集周边环境信息，并为各项相关决策和规划工作以及智能汽车的控制执行动作提供信息层面的支持。汽车的感知融合系统中具有多个异构传感器，能够有效打破单个传感器在信息感知方面的局限性，广泛感知、识别和检测各类信息，大幅提高车辆智能驾驶系统的鲁棒性。就目前来看，以互相融合的多源异构传感器为基础的感知技术在智能驾驶领域的应用已经成为相关专业人员研究的重点内容。

在自动驾驶等级达到 L4 的高级别自动驾驶系统中，实现单车感知的难度和成本极高，因此关于单车智能高级别自动驾驶的研究也面临着较大的难题。车用无线通信技术的发展和应用为智能汽车适应复杂路况提供了技术层面的支持，也在一定程度上为智能驾驶相关技术的发展指明了方向。

现阶段，融合了 V2I 技术的智能汽车可以与红绿灯、交通指示牌和路侧传感器等路侧基础设施进行信息通信。从实际操作上来看，相关工作人员需要在各个重要性较高的道路节点处设置基础设施，并利用这些设施来获取、传输和共享各项相关信息，以便避免道路拥堵，降低发生交通事故的概率，提高道路的通行效率。

路侧传感器具有较强的超视距感知能力，能够实时采集周边的交通信息，对车载感知系统进行信息补充。高级别智能汽车可以利用 V2I 技术来获取和处理各项计算资源，由此可见，V2I 技术在智能汽车领域的应用能够增强车辆的感知信息处理能力。V2N 技术的应用能够利用云平台来为智能汽车提供道路管控、路网规划等信息，进而从信息层面为车辆实现科学合理的全局规划和决策提供支持。

基于 V2I/V2N 的感知融合系统可以充分发挥 V2I 技术和 V2N 技术的作用，连通各项路侧感知设备和车载感知设备，并构建起由摄像头、激光雷达、毫米波雷达等感知设备构成的路侧感知子系统和由摄像头、激光雷达、毫米波雷达、组合导航等感知设备构成的车载感知子系统，同时在车端装配系统感知单元，以便智能汽车利用各项目标信息来完成各项决策任务和控制任务。具体来说，基于 V2I/V2N 的感知融合系统架构如图 3-12 所示。

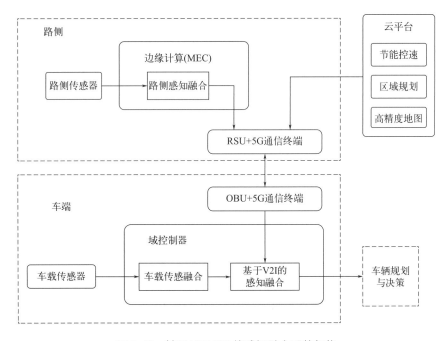

图 3-12 基于 V2I/V2N 的感知融合系统架构

基于 V2I/V2N 的感知融合系统中的云平台能够为智能汽车、路侧设备和交通管理者等多个交通参与者提供天气预告、高精度地图、区域规划、前方拥堵、交通管理等定制化服务，系统路侧的边缘计算技术能够与 V2N 技术协同作用，打通智能汽车、路侧设备、交通地图和交通服务商之间的信息传输通道，并以局域优化的方式来对车辆的行车路线进行合理规划，进而助力智能网联汽车实现节能控速、绿波通行等多种功能。

V2I/V2N 通信单元是一种位于车端和路侧的信息通信工具，主要由 OBU 和 RSU 组成，具有低时延、大带宽等优势，能够在多种交通场景中发挥作用。一般来说，各个交通场景的感知需求各不相同，因此感知融合系统需要通过模块化的方式来进行信息接入，提高感知模块配置的灵活性，以便充分满足各类不同交通场景的感知需求。

3.3.2　感知融合算法架构

现阶段，应用较为广泛的车载传感器和路侧传感器在工作方式和信息输出量方面均存在较大差异。具体来说，摄像头所输出的信息为原始图像，激光雷达所输出的信息为原始点云，毫米波雷达所输出的信息为目标列表信息，云平台 App 等虚拟传感器所输出的信息为决策级信息。由此可见，智能网联汽车的感知融合系统需要借助多传感器融合算法框架来处理来源于不同类型的传感器的信息，提高对各类传感器所输出的数据信息的兼容性。

感知融合算法架构可以获取路侧的各个摄像头所采集的数据信息，并对这些数据信息进行融合处理，从而得到更大区域的图像信息，以便从中找出感兴趣区域（region of interest，ROI），同时借助阈值分割、灰度处理等方式进一步明确 ROI 目标特征。与此同时，感知融合算法还可以对 ROI 中的目标点云、分割地面点云和激光雷达点云进行滤波和聚类处理。感知融合算法需要在数据融合过程中融合激光雷达点云数据和提取到的图像数据，在滤波过程中过滤掉毫米波雷达数据中可能会对感知造成干扰的数据，并将经过处理的数据接入到路侧感知融合单元当中，以便确保路侧的感知目标信息的精准性和有效性。

感知融合算法架构可以在车端以特征融合的方式来融合来源于摄像头和激光雷达的各项数据信息，提取出这些数据信息的 ROI 目标特征，并借助投影处理的方式对图像和 ROI 点云进行融合，借助深度学习算法来检测和识别融合数据的目标。不仅如此，感知融合算法还可以通过车载毫米波雷达来输出目标信息，并在已经过滤掉这些目标信息中的噪点的情况下将其融合到摄像头和激光雷达的检测结果当中，同时利用车载组合导航来获取车辆定位信息，并将这些信息接入融合单元当中，以便获取各项高精度的时间信息和位置信息。

V2N 和 V2I 在信息的感知融合方面发挥着十分重要的作用，具体来说，V2N 可以支持云平台 App 等虚拟传感器所输出的决策级信息接入车载感知融合单元，V2I 可以支持路侧感知融合单元所输出的目标信息接入车载感知融合单元。基于 V2I/V2N 的感知融合算法架构如图 3-13 所示。

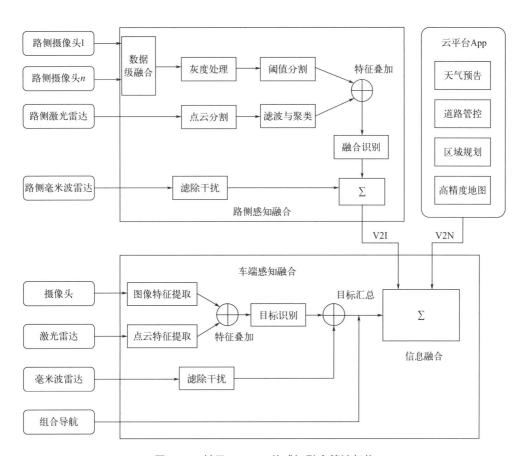

图 3-13　基于 V2I/V2N 的感知融合算法架构

3.3.3　前车跟车行驶场景

一般来说，受试车辆（subject vehicle，SV）在对前方车辆（target vehicle 2，TV2）进行跟车的过程中，TV2 也在对其自身的前方车辆（target vehicle 1，TV1）进行跟车。在前车跟车行驶场景中，SV 的视线会被 TV2 挡住，因此无法及时发现

TV1 在遭遇突发情况时所采取的紧急制动操作行为。前车跟车行驶场景如图 3-14 所示。

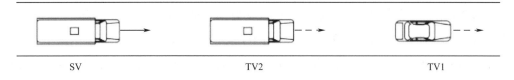

SV   TV2   TV1

图 3-14　前车跟车行驶场景

V2N 和 V2I 等技术手段在感知融合系统中的应用能够在一定程度上提高感知设备布局的科学性和合理性，增强 SV 的透视感知能力。

在实际操作过程中，相关工作人员需要在道路两侧安装高清摄像头、毫米波雷达等传感器设备，为车辆获取过往目标动态信息、逆行事件等相关数据信息和掌握路面事故、行人横穿马路、道路行驶车辆等相关信息提供设备层面的支持，以便车辆借助这些位于路侧的传感器设备实现对 TV1 状态信息和 TV2 前方交通动态场景信息的高效检测和识别，通过边缘计算（MEC）来进行路侧感知融合，获取并向 SV 传输各项路侧感知信息，助力 SV 及时掌握 TV2 遮挡区域中的各项目标信息。

在前车跟车行驶场景下的感知融合架构当中，位于车端的前视摄像头和前视长距毫米波雷达可以实现对 TV2 的运动状态的实时检测；车载导航系统可以采集 SV 的运动状态信息；云平台可以利用 V2N 技术来获取前方事故信息、前方临时交通管制信息等各项相关交通信息，并将这些信息传输给 SV；车载感知融合单元可以集成云平台、车端感知信息和路侧感知信息，并根据前方道路状况信息进行风险预测，防止 SV 出现因车距不足造成碰撞等安全问题，从而为 SV 实现安全稳定的跟车提供强有力的支持。前车跟车行驶场景下的感知融合架构如图 3-15 所示。

在基于 V2I/V2N 的感知融合系统的作用下，SV 可以借助路侧传感器和云平台来了解 TV1 的加速和减速情况，掌握前方路况和交通状态信息，并在检测到 TV1 的制动速度超出某一阈值或出现紧急情况时对 TV2 的驾驶操作行为进行预测，从而预知 TV1 的紧急制动操作，及时根据前车的距离、速度、相邻车道环境等相关信息制定相应的驾驶策略，通过减速或变道的方式来降低碰撞概率，进而确保自身的行车安全。基于 V2I/V2N 的感知融合系统在大型客车、货车等车辆中的应用是车辆行驶安全的重要保障。

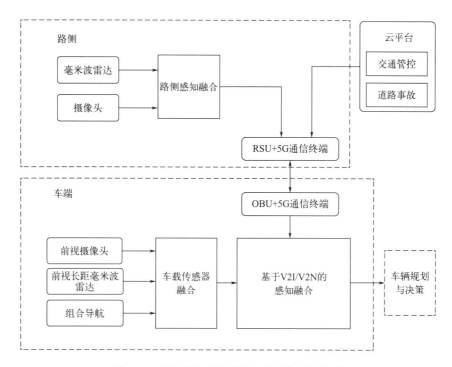

图 3-15　前车跟车行驶场景下的感知融合架构

3.3.4　车辆穿越交叉路口场景

在十字路口等交叉路口场景当中，多条道路中的车辆会汇聚在道路交叉口处，且车辆和行人等交通参与者的运动轨迹十分多样化，比如部分行人可能会在红灯亮起的情况下穿过马路，一些非机动车辆也可能会出现违反交通规则的现象，同时车辆的感知系统也难以及时精准检测到遮挡区域中的道路和交通状况，因此十字路口等交叉路口处的交通事故发生率较高。

SV 在通过交叉路口时需要提前掌握盲区行人、盲区车辆、信号灯状态、路口行车标识、冲突方向车辆行驶状态等信息，并在此基础上及时制定和执行相应的决策，防止出现碰撞等交通安全问题。车辆穿越交叉路口场景如图 3-16 所示。

一般来说，交叉路口处的交通环境具有较高的复杂性，因此车辆需要借助基于 V2I/V2N 的感知融合系统来全方位采集车辆和环境信息，并制定全面覆盖整个检测区域的传感器布局方案，以便及时发现车辆行进区域中的冲突目标，有效避免车辆碰撞问题，充分确保车辆在经过该路口时的安全性。

从实际操作方面来看，相关工作人员需要在交叉路口处的各个方向的道路上安装毫米波雷达，在道路入口处安装摄像头和激光雷达，以便利用毫米波雷达来采集

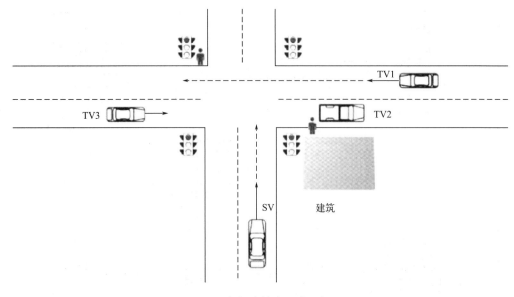

图 3-16   车辆穿越交叉路口场景

车辆排队长度、路口车辆速度、重点车辆轨迹等信息，利用摄像头来识别和区分道路标识、盲区目标和斑马线上的行人等内容，利用激光雷达来识别路口的行人和车辆等交通参与者。

从作用原理上来看，MEC 可以融合各项路侧传感器数据，V2I 可以向车端传输路口区域目标融合信息，车辆可以在 V2I/V2N 的支持下实现对路口的全面检测。具体来说，在 V2I 的支持下，车辆可以接收来源于交通灯和道路指示牌等交通设施的限速信息、信号灯状态信息等道路指示信息；在 V2N 的支持下，云平台中的高精度地图可以获取来源于车辆的车道线、斑马线、停车线和道路结构等各项相关信息，支持车辆及时获取道路指示并根据指示信息来行驶，同时实现精准定位和区域规划等功能，进而达到节约能源、控制车速和绿波通行的目的。

车辆中装配的前视摄像头、激光雷达和前向毫米波雷达可以互相融合，协同作用，识别道路前方的车辆和行人等交通参与者，为车辆提供前向碰撞预警信息，防止车辆出现碰撞等安全问题，确保车辆在跟车行驶过程中的安全性；除此之外，车辆中装配的角雷达、环视摄像头和激光雷达也可以互相融合，识别前方切入车辆、变道行驶车辆和横穿马路的行人，并利用这些交通状况相关信息为车辆实现安全驾驶提供支持；不仅如此，车辆中装配的组合导航还可以精准感知车辆的位置、速度和航向角等信息，帮助车辆实现高精度定位功能；与此同时，车载感知融合单元也可以集成云平台信息、道路设施信息、路侧感知信息和车载传感器融合信息等各项相关信息，支持车辆全面感知交通场景和制定科学合理的决策规划，提高车辆在通过交叉路口时的安全性。

　　具体来说，车辆穿越交叉路口场景下的感知融合架构如图 3-17 所示。

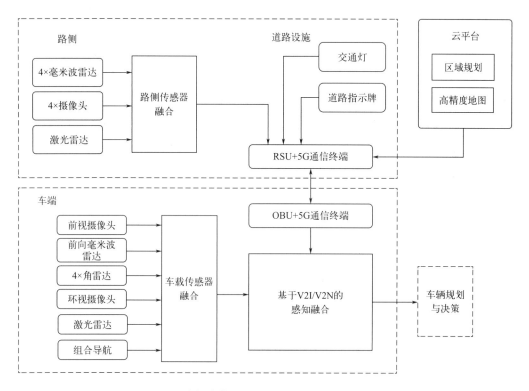

图 3-17　车辆穿越交叉路口场景下的感知融合架构

　　SV 车辆在通过交叉路口时应充分发挥基于 V2I/V2N 的感知系统的作用，预先采集路口限速信息和信号灯状态计时信息，并在此基础上进行行驶路径规划和行驶速度规划，充分确保自身行驶的稳定性，同时也要接收来源于路侧传感器的闯红灯车辆和遮挡区域行人等各项路口交通信息，以便及时避障，并借助云平台来掌握区域规划信息和高精度地图信息，通过信息融合的方式来确保自身能够安全规范地沿着规划路线行驶。

3.3.5　高速公路匝道车辆汇入场景

　　在高速公路匝道车辆汇入场景中，车辆需要控制车速，并缴纳一定的通行费用，且许多道路都存在路面宽度不够的不足之处，因此大量车辆汇入极易造成交通拥堵和交通事故。除此之外，当高速公路和匝道之间存在遮挡时，位于匝道上的车辆将无法掌握并入车道中的车辆和交通信息，盲目并入高速公路车道可能会出现与原本高速行驶在高速公路上的车辆相撞的情况。

为了保障车辆在高速公路匝道车辆汇入场景中的安全性，SV 应预先感知受遮挡区域的主路车辆信息，并据此精准把握进入主路的时机。不仅如此，SV 还可以与路侧的电子不停车收费（electronic toll collection，ETC）设施进行实时通信，从而在不停车的情况下完成缴费任务，快速通过匝道。SV 可以充分发挥自身的感知能力，获取前车的运动状态信息，并在此基础上计算出安全距离，确保自身跟车行驶的安全性，同时也可以在变道时采集和分析相邻车道中的前后车辆的运动状态信息，并根据分析结果来调整行驶规划，确保自身在汇入主路时的安全性。

具体来说，高速公路匝道车辆汇入场景如图 3-18 所示。

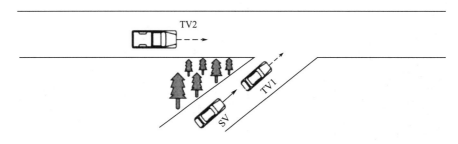

图 3-18　高速公路匝道车辆汇入场景

一般来说，位于路侧的毫米波雷达能够对主路中的冲突区域车辆进行实时监测，实时采集这些车辆的运动信息，并对潜在冲突区域车辆的运动轨迹进行跟踪；位于路侧的高清摄像头能够实时监控并识别出车道标识、冲突区域车辆和应急车道中的特殊车辆等要素；毫米波雷达可以与位于路侧的高清摄像头协同作用，对主路中的交通信息进行实时检测，并利用 V2I 将检测到的各项信息传输到车端。

车辆可以借助 V2I 实现与路侧限速标识和 ETC 等设施的实时信息交互，并在此基础上及时获取道路限速预警信息和高速收费信息。车辆中装配的前视摄像头和毫米波雷达等传感器设备可以实时监控前车运动状态，采集前车的运动状态信息，确保 SV 在跟车行驶的过程中始终与前车保持安全距离；车辆中装配的角雷达、后视摄像头和侧视摄像头等传感器设备可以采集主路汇入车道车辆运行信息，并在此基础上为 SV 向主路变道的决策提供依据；车辆中装配的组合导航可以采集 SV 的速度、航向和时间同步等相关信息，确保在传感器融合过程中保持时空同步。

车端的信息融合主要涉及路侧感知信息、车辆感知信息和道路基础设施交互信息的融合，这些信息的融合能够为 SV 在存在遮挡的情况下感知主路车辆信息提供支持，帮助 SV 车辆实现对周边环境的实时监测，同时助力车辆实现 ETC 功能。高速公路匝道车辆汇入场景下的感知融合架构如图 3-19 所示。

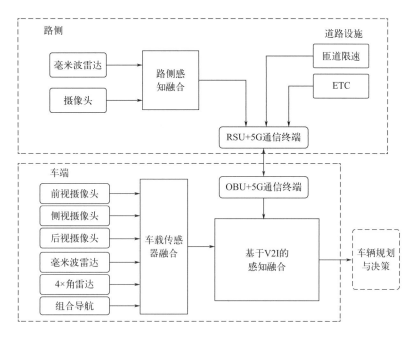

图 3-19　高速公路匝道车辆汇入场景下的感知融合架构

在基于 V2I/V2N 的感知融合架构中，SV 可以在从匝道汇入主路的过程中借助位于路侧的 ETC 设备来实现不停车缴费，从而快速通过匝道，达到提高通行效率的目的；也可以采集和利用匝道限速、弯道曲率等信息，并据此对车速和行车方向进行调控，以便确保自身行驶的安全性和稳定性；也可以借助自身所装配的传感器设备来感知前车运动状态，并计算出安全车距和行车速度，防止出现碰撞等安全问题；还可以充分发挥路侧感知信息的作用，预先采集主路冲突区域车辆运动信息，并据此找出合适的时机汇入主路，确保自身在汇入主路时的安全性。

3.4　智能路侧决策系统

3.4.1　智能路侧决策系统架构

智能路侧决策系统是一个能够提高总体交通收益的系统，其主要位于道路两侧，可以为信息化设施设备、智能网联汽车以及管控设备等提供智能化的决策指令。通常情况下，系统会按照感知到的信息和预期的目标来与车辆协作或独立进行宏观/微观时空资源的决策。主要表现为信号管理、路径诱导、专用车道管理、生态驾驶、编队管理以及自动驾驶轨迹点规划等。

智能路侧决策系统主要由三部分构成，分别是云平台（即智能路侧决策系统中心平台）、边缘计算节点（即智能路侧决策系统边缘计算节点）和车载终端，如图3-20所示。其中，边缘计算节点和云平台借助光纤网络进行交互，云平台和车辆控制器等车端借助4G或5G网络进行交互，车端与边缘计算节点借助车路协同系统进行交互。

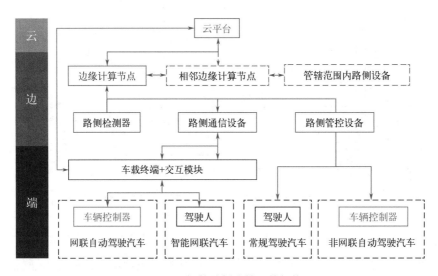

图3-20　智能路侧决策系统架构

在如图3-20所示的云-边-端智能路侧决策系统中，云平台主要负责根据不同的应用场景来制定宏观的交通管控决策与智能车辆辅助决策，在进行决策时需参照各个边缘计算节点与车辆控制器上报的交通运行状态信息。

边缘计算节点主要负责动态制定具体的智能车辆辅助决策与交通管控决策，它可以利用摄像头、激光雷达和毫米波雷达等来获取感知数据，运用相关程序算法进行计算与输出。它可以完成多种决策，如给定建议车速，给定车道信息，提供限速信息，提示路况信息以及更新信号方案等；动态车辆引导，给定建议轨迹点，给定建议车道与换道位置等；研判安全风险，决策规避指令等。

智能路侧决策系统主要分为以下三个决策等级，这三个决策等级的覆盖范围与精细化程度是逐渐提升的，如图3-21所示。

图 3-21　智能路侧决策系统的三个等级

（1）道路管控智能决策

道路管控智能决策系统可以通过获取交通流运行参数，如车速、密度以及流量等来对道路运行状态以及总体交通需求做出判断，由此动态制定决策方案来主动满足交通需求，通常情况下，会通过信号灯、可变情报板与播音喇叭等路侧设施来发布决策指令。该系统具有较强的集计感知能力。

（2）车路协同目标决策

车路协同目标决策系统能够获取车辆的轨迹信息，同时会将轨迹信息与集计参数进行统筹考虑，进而动态制定决策方案来主动响应交通需求。同道路管控智能决策系统一样，它可以通过信号灯、可变情报板与播音喇叭等路侧设施来发布决策指令，与此同时，它还可以利用车路协同等方式提供车速引导、建议路径等决策服务给个体智能汽车。

（3）车路协同过程决策

车路协同过程决策系统是车路协同目标决策系统的进一步精细化，其可以获取车辆的轨迹信息，同时对个体汽车控制与交通流控制进行统筹考虑，进而动态制定决策方案来主动响应交通需求。该系统既可以通过信号灯、可变情报板与播音喇叭等路侧设施来发布决策指令，同时也可以利用车路协同等方式提供车速引导、建议路径与自动驾驶轨迹参考点等决策服务给个体智能汽车。与车路协同目标决策系统不同的是，其决策指令的主要呈现方式是轨迹参考点等的控制过程，智能路侧决策系统参与辅助车辆控制。个体智能汽车可以在提供的建议指令基础上独立进行单车决策，也可以辅助驾驶员进行多车协同决策。该系统亦具有较强的个体级感知能力。

3.4.2　安全预警决策应用

智能路侧决策系统的等级不同，其对指令下达方式、感知能力、与个体协同能力、决策方案以及车路协同技术发展等方面的要求也不相同。下面主要分析智能路侧决策系统在安全预警决策中的应用，以典型的路基碰撞预警为例。

（1）应用描述

路基碰撞预警主要通过边缘计算节点来对主车、周围车辆与其他弱势交通参与者是否存在碰撞风险进行判断，如果经过判定存在风险，则对主车发布预警，同时会给驾驶员提供冲突对象位置，并会给定建议车速以及制动措施等信息。路基碰撞预警功能示意图如图 3-22 所示。

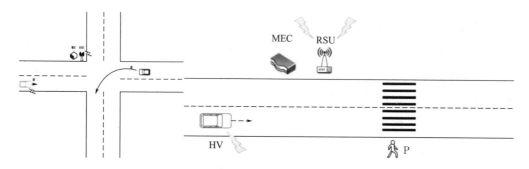

图 3-22　路基碰撞预警功能示意图

（2）场景原理

路基碰撞预警的场景原理如图 3-23 所示。

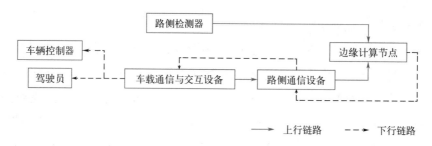

图 3-23　路基碰撞预警的场景原理

（3）环节分工

路基碰撞预警涉及边缘计算节点与车辆控制器两个决策主体，涉及边端协同，二者的主要分工如下。

● 边缘计算节点：主要负责获取感知信息，进而对碰撞风险进行综合研判，之后对如何规避风险进行决策并发布指令，最后输出一系列协同决策信息，如冲突对象位置、建议车速、制动措施以及轨迹参考点等。

● 车辆控制器：将边缘计算节点输出的一系列协同决策信息进行输入，并将其与自身的感知能力结合，从而完成终端决策，然后开始执行相关决策。

3.4.3　交通管控决策应用

3.4.3.1　主线可变限速

（1）应用描述

主线可变限速主要指系统可以通过对道路主线与交通车速、交通流量等综合交通运行情况进行综合研判，判断其是否存在交通安全风险或其运行效率是否有待优化，如果存在风险，那么系统会引导主线的相关车辆，为其顺利通行提供相应的车速建议等信息。主线可变限速功能示意图如图3-24所示。

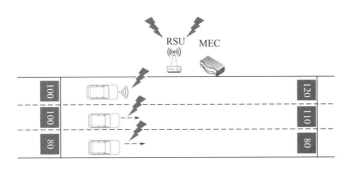

图3-24　主线可变限速功能示意图

（2）场景原理

主线可变限速的具体场景原理如图3-25所示。

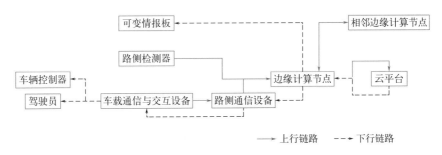

图3-25　主线可变限速的场景原理

（3）环节分工

主线可变限速主要涉及云平台、边缘计算节点和车辆控制器三个决策主体，涉及云边协同、边边协同与边端协同，其决策主体的具体分工如下。

● 云平台：云端会按照获取到的各节点的主动限速现状以及各边缘计算节点

输出的交通运行状态信息，对各个节点的主动限速范围进行动态制定。

● 边缘计算节点：凭借获取的感知信息来对交通流状态进行判断，在制定一般性限速信息时，要对平台给定的主动限速范围与相邻节点的限速值进行统筹考量；一些个性化的协同决策信息，如轨迹参考点、车速等，要注重给定建议的个性化；相应的建议要及时输出，并立刻传送给智能网联汽车的驾驶员或自动驾驶汽车。

● 车辆控制器：将边缘计算节点输出的一系列协同决策信息进行输入，并将其与自身的感知能力结合，从而完成终端决策，然后开始执行相关决策。

3.4.3.2 匝道控制

（1）应用描述

匝道控制主要指系统依据匝道、高速主线上车辆的运行信息，通过可变情报板与信号灯来告知车辆通行与否，以此来控制匝道车辆运行、协同主线车辆行驶、管理汇入间距、平衡车道流量等。匝道控制系统可以大幅度降低汇入区的事故发生率，提升车辆的汇入速度与效率，增强车辆汇出的安全性。匝道控制功能示意图如图 3-26 所示。

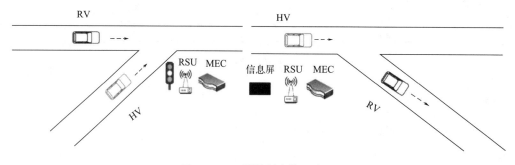

图 3-26 匝道控制功能示意图

（2）场景原理

匝道控制的具体场景原理如图 3-27 所示。

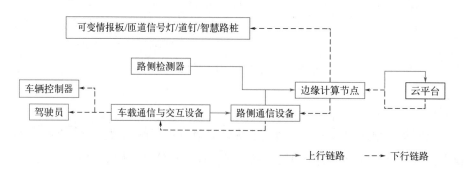

图 3-27 匝道控制的场景原理

（3）环节分工

匝道控制主要涉及云平台、边缘计算节点、车辆控制器三个决策主体，涉及云边协同、边端协同，其中三个决策主体的具体分工如下。

● 云平台：将各匝道汇入调节率与各边缘计算节点上报的交通运行状态信息进行综合考虑，之后把调节率下发至边缘计算节点。

● 边缘计算节点：借助感知信息获取汇入车辆、汇出车辆以及周边车辆的微观轨迹，将其与给定的调节率要求进行统筹考量，之后制定一般性引导信息；制定个性化协同决策信息，如轨迹参考点、个性化建议车速等；最后把相关决策信息传送给道钉、可变情报板等交通设施来为各类车辆提供服务。

● 车辆控制器：将边缘计算节点输出的一系列协同决策信息进行输入，并将其与自身的感知能力结合，从而完成终端决策，然后开始执行相关决策。

3.4.3.3 动态专用车道管控

（1）应用描述

动态专用车道管控主要指系统按照主线的交通情况，来对主线的车辆流量、不同类型车辆的运行差别和不同车道的运行差异问题进行思考，继而选取时间管控、车型管控和速度管控等手段来对车道进行动态划分，以便车辆通行。该管控系统可以最大程度地提高车道的总体利用效率，比较适合公交、货运编队以及自动驾驶等专用车道的管控。动态专用车道管控功能示意图如图 3-28 所示。

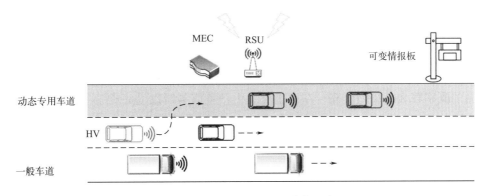

图 3-28 动态专用车道管控功能示意图

（2）场景原理

动态专用车道管控的具体场景原理如图 3-29 所示。

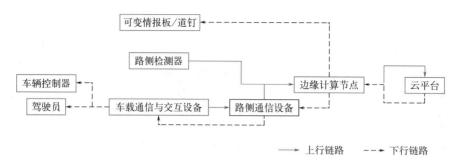

图 3-29　动态专用车道管控的场景原理

（3）环节分工

动态专用车道管控涉及云平台、边缘计算节点、车辆控制器三个决策主体，涉及云边协同与边端协同，其决策主体的具体分工如下。

● 云平台：将全部边缘计算节点上报的交通运行状态信息与各节点管理路段专用车道的分配情况进行综合考虑，之后动态制定各节点的专用车道设置限制条件，以防发生专用车道不连续等问题。

● 边缘计算节点：通过感知信息研判交通流状态，分析动态渗透率，综合考虑平台给定专用车道设置限制制定专用车道信息，发送至可变情报板或道钉以及通信设备，告知专用车道开放状态信息。

● 车辆控制器：将边缘计算节点输出的一系列协同决策信息进行输入，并将其与自身的感知能力结合，从而完成终端决策，然后开始执行相关决策。

3.4.3.4　施工区预警

（1）应用描述

施工区预警主要指在某些区域进行检修或维护时，该区域会造成高速公路的连续流受到人为阻隔，由此造成交通瓶颈，在这种情况下，施工人员与路过车辆出现碰撞的概率较大，风险较高。在施工区提供预警服务可以提高施工区附近的交通通行效率，减小途经车辆与施工人员发生碰撞的概率，以此保障施工区的交通安全。施工区预警功能示意图如图 3-30 所示。

（2）场景原理

施工区预警的具体场景原理如图 3-31 所示。

（3）环节分工

施工区预警主要涉及边缘计算节点、车辆控制器两个决策主体，涉及边端协同，决策主体的具体分工如下。

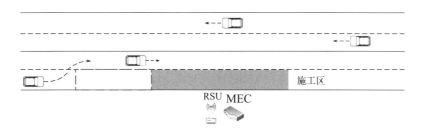

图 3-30　施工区预警功能示意图

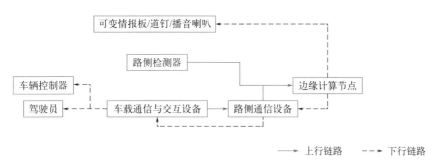

图 3-31　施工区预警的场景原理

● 边缘计算节点：通过获取感知信息来对施工区所在路段与上游路段的交通流状态进行研判，在确保安全与高效的前提下制定施工提示信息与建议车速；给定轨迹参考点、个性化建议车速等个性化协同决策信息；将相关决策信息传送给可变情报板以提醒常规车辆、传送给网联汽车驾驶员和自动驾驶车辆来对交通流进行引导，使车辆可以平稳过渡，安全通过。

● 车辆控制器：将边缘计算节点输出的一系列协同决策信息进行输入，并将其与自身的感知能力结合，从而完成终端决策。

3.4.4　智能辅助决策应用

3.4.4.1　路径诱导

（1）应用描述

路径诱导主要指系统及时获取和熟悉交通网络的状态和需求，为自动驾驶车辆提供路径引导，保证车辆行驶在最佳线路上，为驾乘人员节省出行时间。路径诱导功能示意图如图 3-32 所示。

（2）场景原理

路径诱导的具体场景原理如图 3-33 所示。

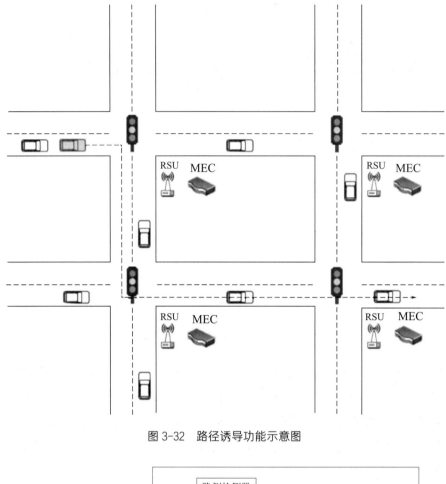

图 3-32　路径诱导功能示意图

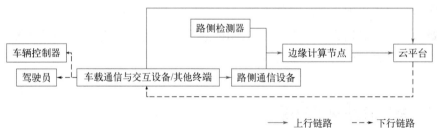

图 3-33　路径诱导的场景原理

（3）环节分工

路径诱导系统主要涉及云平台、车辆控制器与边缘计算节点三个决策主体，涉及云端协同，其决策主体的具体分工如下。

● 云平台：将全部边缘计算节点上报的交通状态动态梳理和预测网络交通状态进行综合考量，按照车载终端所上报的出行需求来统筹规划系统需求与个体需求，最终动态制定最优路径，传送给自动驾驶车辆或网联汽车驾驶员。

● 车辆控制器：将平台所提供的最优路径方案进行输入，之后执行相关动作规划。

● 边缘计算节点：通过实时收集和分析交通流量、路况等信息，为驾驶者提供实时的路径建议，提高了交通管理智能化水平，减少拥堵现象。

3.4.4.2　绿波车速引导

（1）应用描述

绿波车速引导主要指对自动驾驶车辆实时位置、实时交通状况以及特定路段信号等信息进行采集，之后将其与干线绿波协调控制方案相结合，为此路段中的车辆提供行驶方案或给定建议车速，确保该路段中的车辆在绿波车速引导下可以较快地通过交叉口，减少停车时间。绿波车速引导功能示意图如图 3-34 所示。

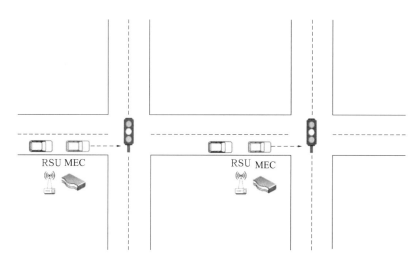

图 3-34　绿波车速引导功能示意图

（2）场景原理

绿波车速引导的具体场景原理如图 3-35 所示。

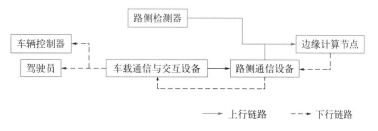

图 3-35　绿波车速引导的场景原理

（3）环节分工

绿波车速引导主要涉及边缘计算节点与车辆控制器两个决策主体，涉及边端协同，其中决策主体的具体分工如下。

● 边缘计算节点：借助所获取的感知信息来对当前的交通状态进行综合研判，在确保安全的情况下，将总体交通流影响也纳入考虑之中，为车辆提供可以不停车通过交叉口的个性化协同决策信息，如个性化建议车速与轨迹参考点等。

● 车辆控制器：将边缘计算节点所提供的协同决策信息进行输入，并将其与自身的感知能力结合，从而完成终端决策，然后开始执行相关决策。

3.4.4.3 快速车道选择

（1）应用描述

快速车道主要指车辆处于交叉口时，系统可以凭借交通状态与实时车道功能，为各辆智能网联汽车提供符合其意图与请求的车道选择建议。快速车道选择功能示意图如图 3-36 所示。

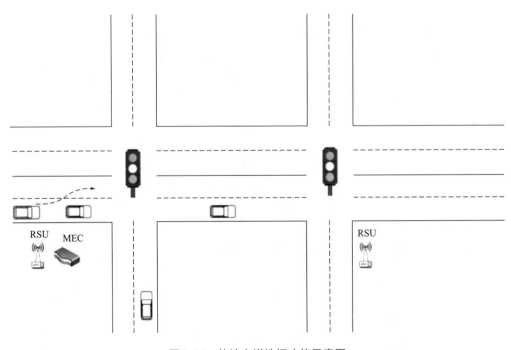

图 3-36 快速车道选择功能示意图

（2）场景原理

快速车道的具体场景原理如图 3-37 所示。

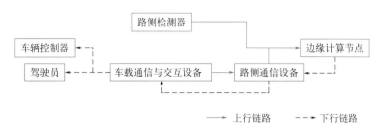

图 3-37 快速车道的场景原理

（3）环节分工

快速车道主要涉及边缘计算节点与车辆控制器两个决策主体，涉及边端协同，其中决策主体的具体分工如下。

● 边缘计算节点：借助所获取的感知信息来对当前各进口道路的交通状态进行综合研判，在确保安全的情况下，将总体交通流影响与个体汽车行驶方向目标进行统筹考虑，最终给出最优的车道选择与换道建议；给定个性化协同决策信息，如个性化建议车速与轨迹参考点等。

● 车辆控制器：将边缘计算节点所提供的协同决策信息进行输入，并将其与自身的感知能力结合，从而完成终端决策，然后开始执行相关决策。

3.4.4.4　路基协作式行驶

（1）应用描述

路基协作式行驶主要指按照实时的道路环境，并结合车辆的实时速度、位置等数据，为智能网联汽车提供前方百米范围内的局域轨迹点路径规划建议。路基协作式行驶功能示意图如图 3-38 所示。

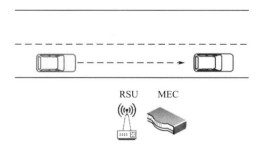

图 3-38 路基协作式行驶功能示意图

（2）场景原理

路基协作式行驶的具体场景原理如图 3-39 所示。

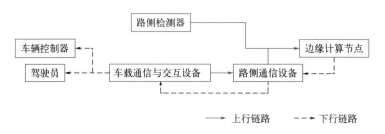

图 3-39 路基协作式行驶的场景原理

（3）环节分工

路基协作式行驶主要涉及边缘计算节点与车辆控制器两个决策主体，涉及边端协同，其中决策主体的具体分工如下。

● 边缘计算节点：依靠感知信息来获取其他交通参与者的实时动态信息，并对这些信息作出预判，以安全为前提来制定行驶目标，同时要综合考虑个体汽车行驶与总体交通流影响，从而以轨迹参考点的形式来对车辆行驶给出有效参考建议。

● 车辆控制器：将边缘计算节点所提供的协同决策信息进行输入，并将其与自身的感知能力结合，从而完成终端决策，然后开始执行相关决策。

3.4.4.5 路基协作式换道

（1）应用描述

路基协作式换道主要指通过路侧感知设备来获取自动驾驶车辆的轨迹信息，继而将自动驾驶车辆的行驶意图与其余交通参与者的轨迹预测结果相结合，最终把换道建议提供给自动驾驶车辆，做到混合交通流下的车辆换道协同。路基协作式换道功能示意图如图 3-40 所示。

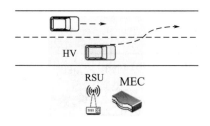

图 3-40 路基协作式换道功能示意图

（2）场景原理

路基协作式换道的具体场景原理如图 3-41 所示。

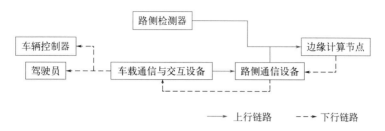

图 3-41 路基协作式换道的场景原理

（3）环节分工

路基协作式换道主要涉及边缘计算节点与车辆控制器两个决策主体，其中决策主体的具体分工如下。

● 边缘计算节点：依靠感知信息来获取其他交通参与者的实时动态信息，并对这些信息作出预判，以安全为前提来制定行驶目标，同时要综合考虑个体汽车行驶与总体交通流影响，从而为车辆行驶提供不同等级的协同决策信息，如轨迹参考点、车道选择建议和换道建议等。

● 车辆控制器：将边缘计算节点所提供的协同决策信息进行输入，并将其与自身的感知能力结合，从而完成终端决策，然后开始执行相关决策。

3.4.4.6 路基协作式汇入

（1）应用描述

路基协作式汇入主要指将匝道与主路车辆的信息进行实时采集，之后结合自动驾驶车辆的意图与其他车辆的轨迹预测结果，为自动驾驶车辆提供车速建议与换道建议，从而达成车路协同车辆汇入。路基协作式汇入功能示意图如图 3-42 所示。

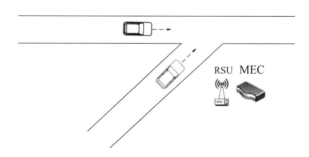

图 3-42 路基协作式汇入功能示意图

（2）场景原理

路基协作式汇入的具体场景原理如图 3-43 所示。

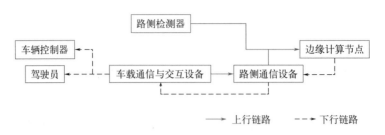

图 3-43　路基协作式汇入的场景原理

（3）环节分工

路基协作式汇入主要涉及边缘计算节点与车辆控制器两个决策主体，其中决策主体的具体分工如下。

● 边缘计算节点：依靠感知信息来获取主路、匝道各交通参与者的实时动态信息，并对这些信息作出预判，以安全为前提来制定行驶目标，同时要综合考虑个体汽车行驶与总体交通流影响，从而为车辆行驶提供不同等级的协同决策信息，如轨迹参考点、建议车速、车道选择建议和换道建议等。

● 车辆控制器：将边缘计算节点所提供的协同决策信息进行输入，并将其与自身的感知能力结合，从而完成终端决策，然后开始执行相关决策。

3.4.4.7　路基协作式交叉口通行

（1）应用描述

路基协作式交叉口通行主要指依靠路侧感知设备对交叉口车辆的信息进行实时采集，之后结合自动驾驶车辆的行驶意图与其他车辆的轨迹预测结果，将建议轨迹点反馈给自动驾驶车辆，达成道路交叉口处车辆的安全、高效通行。路基协作式交叉口通行功能示意图如图 3-44 所示。

（2）场景原理

路基协作式交叉口通行的具体场景原理如图 3-45 所示。

（3）环节分工

路基协作式交叉口通行主要涉及边缘计算节点与车辆控制器两个决策主体，涉及边端协同，其中决策主体的具体分工如下。

● 边缘计算节点：依靠感知信息来获取交叉口处各交通参与者的实时动态信息，并对这些信息作出预判，以安全为前提来制定行驶目标，同时要综合考虑个体汽车行驶与总体交通流影响，从而为车辆行驶提供不同等级的协同决策信息，如轨迹参考点、建议车速、车道选择建议和换道建议等。

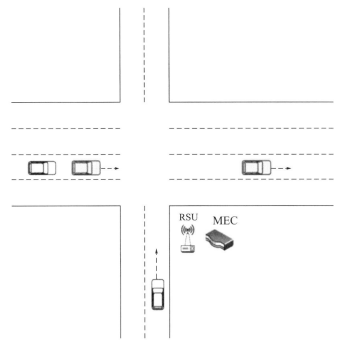

图 3-44 路基协作式交叉口通行功能示意图

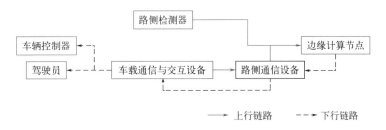

图 3-45 路基协作式交叉口通行的场景原理

● 车辆控制器：将边缘计算节点所提供的协同决策信息进行输入，并将其与自身的感知能力结合，从而完成终端决策，然后开始执行相关决策。

3.4.4.8 路基协作式车辆"脱困"

（1）应用描述

路基协作式车辆"脱困"主要指在某些极端工况下，车辆的自动驾驶模式停止时，不通过人工干预便可以帮助车辆"脱困"，从而提高自动驾驶汽车的自动运行能力。路基协作式车辆"脱困"示意图如图 3-46 所示。

（2）场景原理

路基协作式车辆"脱困"的具体场景原理如图 3-47 所示。

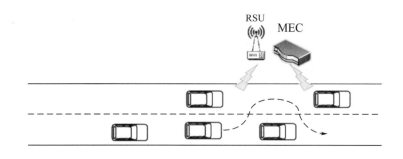

图 3-46 路基协作式车辆"脱困"示意图

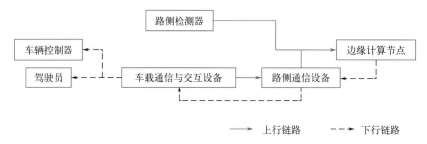

图 3-47 路基协作式车辆"脱困"的场景原理

（3）环节分工

路基协作式车辆"脱困"主要涉及边缘计算节点与车辆控制器两个决策主体，其中决策主体的具体分工如下。

● 边缘计算节点：一旦获得车辆请求，便会立即利用感知信息来获取"被困"车辆所在区域的各交通参与者的实时动态信息，同时对其做出预判，之后以安全为基础为其制定"脱困"方案，为其提供不同等级的协同决策信息，如轨迹参考点、建议车速、车道选择建议和换道建议等。

● 车辆控制器：将边缘计算节点所提供的协同决策信息进行输入，并将其与自身的感知能力结合，从而完成终端决策，并执行"脱困"动作。

3.4.4.9 车辆编队控制诱导

（1）应用描述

车辆编队控制诱导主要指系统依据自动驾驶车辆前方的交通通行情况，为处于运行中的车辆编队进行换道、解散等编队控制诱导。车辆编队控制诱导功能示意图如图 3-48 所示。

（2）场景原理

车辆编队控制诱导的具体场景原理如图 3-49 所示。

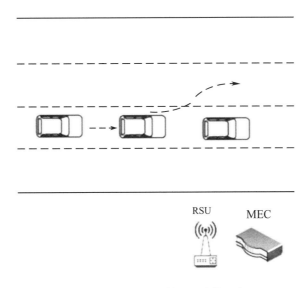

图 3-48　车辆编队控制诱导功能示意图

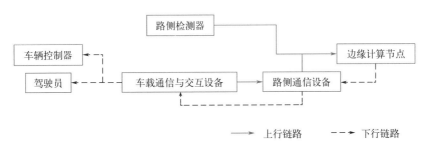

图 3-49　车辆编队控制诱导的场景原理

（3）环节分工

车辆编队控制诱导主要涉及边缘计算节点与车辆控制器两个决策主体，涉及边端协同，其中决策主体的具体分工如下。

● 边缘计算节点：依靠感知信息来获取微观交通状态与事件信息，以安全为基础，综合考虑总体交通流影响和编队行驶目标，为车辆编队提供相关协同决策信息，如建议车速、建议车道、建议换道位置、建议重组编队与建议解散编队等。

● 车辆控制器：将边缘计算节点所提供的协同决策信息进行输入，之后由编队成员或编队头车来协同决策编队动作。

3.4.5　云边端协同决策机制

在"云 - 边 - 端"三方交互的基础上形成了云边端协同决策机制，主要包括云边、边端、云端、边边共四个协同决策机制，如图 3-50 所示。该机制通过对交通要素的感知、决策与协同，来对车辆进行引导，使其规避道路上的拥堵路段，由此实现安全、高效通行。

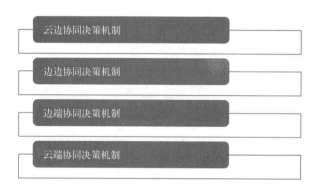

图 3-50   云边端协同决策机制

在云边端协同决策机制中，"云"指的是云平台，主要负责统筹考虑车辆上报的需求信息与各边缘计算节点上报的信息，还需下发背景方案和权限信息；"边"指的是边缘计算节点，主要负责传递相邻边缘计算节点间的信息，为车辆下达指令信息，同时需要将交通状态信息与现状控制方案上报至云平台；"端"指的是车端，主要负责接收边缘计算节点发来的方案信息与指令，同时向边、云上报需求信息。

（1）云边协同决策机制

在云边协同决策机制中，边端需要向云端上报交通状态信息以及车道功能、限速信息、配时方案等现状控制方案。云平台根据上报情况向下发放单点信号配时背景方案、所属区间、所属子区、协调优化周期等背景方案，还需发放车道功能变化限制、匝道调节率、限速范围、优先权限等权限信息。

（2）边边协同决策机制

边边协同主要指东西向路侧相邻的边缘计算节点间的通信，其侧重东西向接口的边缘计算。相邻的路侧边缘计算节点间需互通交通状态信息、专用车道信息、限速信息、配时方案信息等，以此为决策约束与参考因素。

云平台会授予边缘计算的设备优先级与应用优先级准许范围，在边缘计算节点接收到相邻节点的应用信息时，会评判该信息或发出该信息节点的优先级，如果优先级较高，那么收到信息的节点会以其为约束或目标进行自身决策；反之，节点会优先考虑达成自身目标，只考虑与接收信息不产生安全冲突的约束。

（3）边端协同决策机制

在边端协同决策机制中，车端会向路侧上报汇入需求、汇出需求、转向需求等需求信息；路侧则会向车端下达初级决策指令、中级指令、高级指令与编队级决策指令。其中，初级决策指令包括优先结果、预警信息、时间点指令、制动指令；中级指令包括车速指令、换道指令；高级指令包括参考点指令；编队级决策指令包括恢复编队指令、解除编队指令。

（4）云端协同决策机制

在云端协同决策机制中，车端会将目的地需求上报至云平台，继而云平台会为车端提供推荐的路径信息。

第 4 章

智能网联汽车
云控系统

4.1 云控系统的概念特征与应用

4.1.1 云控系统框架与构成

车路云一体化融合控制系统（system of coordinated control by vehicle-road-cloud integration，SCCVRCI）中融合了新一代信息与通信技术，能够整合人、车、路、云四项要素，并连通各项要素的物理层、信息层和应用层，统一对其进行融合感知、决策、控制，从而进一步提高车辆行驶和交通运行的安全性、高效性等性能。一般来说，SCCVRCI 也可叫作"智能网联汽车云控系统"或"云控系统（cloud control system，CCS）"。

4.1.1.1 云控系统的总体架构

CCS 是一种包含通信网、路侧基础设施、云控基础平台、云控应用平台、相关支撑平台、车辆及其他交通参与者等多个组成部分的信息物理系统，具体架构如图 4-1 所示。

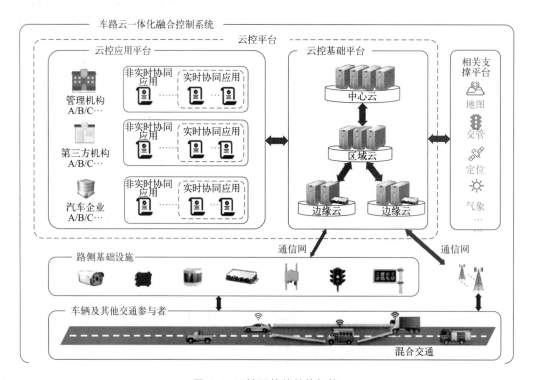

图 4-1 云控系统的总体架构

从架构上来看，云控系统中的通信网可以以安全、高效、可靠且符合各部分的标准化信息传输和交互要求的方式对各个组成部分进行连接，增强整个云控系统在逻辑层面上的协同性、在物理层面上的分散化程度以及对智能网联汽车产业发展的支撑作用。

4.1.1.2　云控系统的构成

具体来说，云控系统主要由如图 4-2 所示的模块组成。

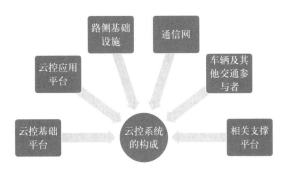

图 4-2　云控系统的构成

（1）云控基础平台

云控基础平台中集成了车辆、道路、环境和相关行业的各项实时动态数据，能够为智能网联汽车相关企业和产业相关部门提供标准化的数据和基础的数据计算服务。从整体架构设计上来看，云控基础平台需根据车辆行驶和交通服务区域的实际应用特征划分为边缘云、区域云和中心云三个服务范围依次递增的层级，且这三个层级在数据交互和数据计算方面对实时性的要求也依次递减，因此云控基础平台能够在充分满足网联应用在实时性和服务范围方面的要求的同时确保基础设施建设具有高效性和高性价比的优点。

（2）云控应用平台

云控应用平台中具有多种应用，这些应用能够充分利用各项车辆与交通大数据，提高行车的效率、安全性和节能性，强化交通运行性能。同时，各项应用在数据传输方面对时延的要求也各不相同，因此这些云控应用大致可以按照其对传输时延的要求划分为实时协同应用和非实时协同应用两种类型。

云控应用在企业云控平台中占据着核心地位，就目前来看，大部分企业云控应用平台都是相关企业或单位从自身实际需求出发规划和建设的应用平台。具体来说，云控应用平台可以集成人、车、路、云信息，充分发挥 V2X 和车辆远程控制等先进技术的作用，提高端、边、云三者之间的协同性，为智能网联汽车提供多样化的应用和服务，进一步增强智能网联汽车的行驶性能，助力智能网联汽车实现运营全链路精细化管理。

云控应用平台能够采集和利用标准化、全面化的智能汽车相关动态基础数据，并根据企业所在产业的各项要求为其提供具有针对性的服务，助力车辆实现实时监控、盲区预警、远程控制、远程升级、网络安全监控、最佳路径规划和网联式高级别自动驾驶等功能，进一步提高车辆的自动化和智能化程度。

（3）路侧基础设施

路侧基础设施指的是位于道路两侧或附属建筑上的灯杆、路侧杆件等设施，通常可分为路侧感知设备、路侧通信设备、路侧计算设备、交通信号设施等多种类型。具体来说，路侧感知设备主要包括摄像头、激光雷达和毫米波雷达等具有环境感知、识别和跟踪作用的设备；路侧通信设备能够利用低时延的网络在车辆和云端之间传输计算结果和交通信号等信息，为各项相关数据信息的交互提供支持；路侧计算设备能够对道路交通状况等相关信息进行计算处理，并根据计算结果完成预测等任务；交通信号设施主要包括信号机、红绿灯和数字化标志牌等设施，能够在车路云协同体系的支持下对交通运行需求等交通信息进行实时动态的数字化联网控制，为车辆实现自动驾驶提供所需的交通信息。

（4）通信网

云控系统与异构通信网络相连接，能够在应用标准化通信机制的基础上利用通信网连接智能网联汽车、路侧设备和三级云，并为三者之间的信息交互提供强有力的支持。具体来说，云控系统所应用的通信网主要包括无线接入网、承载网和核心网等网络，其中，无线接入网具有多样化的通信功能，能够支持车辆与周边环境进行互联，助力车辆实现与人、网络／云端、其他车辆以及路侧基础设施之间的通信。除此之外，云控系统还可以利用多级有线网络来连通路侧设备和云控基础平台。

云控系统中融合了5G、时间敏感网络、软件定义网络和高精度定位网络等多种先进技术，能够为各个交通参与者之间的信息交互提供网络层面的支持，并强化互联性能，大幅提高网络互联的可靠性和灵活性。

（5）车辆及其他交通参与者

云控系统中的车辆及其他交通参与者能够为云控基础平台提供车辆和交通信息，同时云控系统也可以为这些车辆及其他交通参与者提供服务。一般来说，智能网联汽车和交通参与者所得到的数据和计算结果的数量与其与云控系统相关服务之间的匹配度息息相关，匹配度较高的车辆及其他交通参与者可以利用更多的数据和计算结果来提高自身的智能化水平，并在此基础上为用户提供更加多样化的出行服务，同时也能够充分确保用户出行的安全性、高效性和节能性。

（6）相关支撑平台

云控系统中的相关支撑平台由高精动态地图、地基增强定位平台、气象预警平台和交通路网监测与运行监管平台等多个部分构成，能够在数据层面为各项云控应用的正常运行提供支持。

● 高精动态地图可以利用地图引擎来获取动态基础数据，并在此基础上实现动态基础数据服务，从而为云控基础平台提供实时更新的动态状态数据。

● 地基增强定位平台可以充分利用全球卫星导航系统（global navigation satellite system，GNSS）高精度接收机、地面准基站网、移动通信和数字广播等设备、设施和技术手段，在服务区域中为云控基础平台提供不同级别的实时高精度导航定位服务，如厘米级、分米级、1～2米级。

● 气象预警平台可以利用位于道路沿线的各个气象站来获取雨量、风向、大雾、雷暴和能见度等气象信息，并将自身掌握的实时天气状况信息传输到云控基础平台当中。

● 交通路网监测与运行监管平台能够广泛采集路政、养护、服务区和紧急事件等实时信息，并将这些信息传输到云控基础平台当中。

4.1.2　云控系统特征与功能

（1）云控系统特征

云控系统是一种新型信息物理系统，汽车和交通领域的相关人员在建设云控系统的过程中应打破烟囱模式的限制，充分确保云控系统的开放性、共享性以及在逻辑层面的协同性。具体来说，云控系统主要具备以下几项特征，如图4-3所示。

图4-3　云控系统特征

① 车路云泛在互联。云控系统可以利用标准化的通信机制支持位于整个服务区域中的所有车路云异构节点实现互联互通，打破个体、系统之间的数据壁垒，并构建相应的闭环通信链路，为智能网联汽车实现交通协同感知、决策和控制提供支持。

② 交通要素的云端数字映射。云控系统可以基于应用需求分层融合车端、路侧和多类平台信息，以数字映射的方式将物理世界中的各项要素实时映射到数字世界当中，进而生成全数字化的车辆与交通实时运行数据，为智能网联汽车在各个应用场景中完成各项业务提供数据层面的支持。

③ 云端应用统一编排。云控系统可以统一编排云端的各项协同应用的运行方式，解决各项应用之间存在的行为冲突问题，并从实际环境出发对各项应用的优势能力进行科学合理的匹配，强化与自身相连的车辆及其他交通参与者的性能。

④ 云端高效计算调度。云控系统可以统一调度各项协同应用的动态位置和计算资源，提高系统资源的利用率和利用效率，保证各项协同应用能够在高并发的情况下按需实时运行，并保障交通系统的运行安全。

⑤ 系统运行高可靠性。云控系统可以利用感知融合、集中计算编排和应用多重备份等多种技术手段来提高自身为车辆和交通系统所提供的各项服务的可靠性。

（2）云控系统功能分类

云控平台的数据汇聚与计算能力是影响云控系统发挥作用的重要能力，因此云控系统需要充分利用车辆的网联条件、自动驾驶条件和道路的智能化条件来对其进行强化。

以上三类条件是影响云控系统功能的重要条件，能够在一定程度上决定云控系统功能的实现边界。云控系统功能可以根据这三类条件的阶段划分成四类，具体来说，云控功能类别与最低要求的等级如表 4-1 所示。

表4-1　云控功能类别与最低要求的等级

云控功能	云控应用内容	控制主体	网联化等级最低要求	人驾驶等级最低要求	自动驾驶等级最低要求	道路系统等级最低要求
1	感知增强，提示与预警，决策或规划建议	驾驶人或车辆、传统交通控制系统	2	0	3	2
2	单车网联决策、规划或控制，基于自动驾驶的有限场景交通调节	驾驶人或车辆、传统交通控制系统	3	0	3	3

续表

云控功能	云控应用内容	控制主体	网联化等级最低要求	人驾驶等级最低要求	自动驾驶等级最低要求	道路系统等级最低要求
3	多车网联协同决策、规划或控制，基于自动驾驶的有限场景交通控制	驾驶人或车辆负责单车安全，云控应用协调车车/车路行为/交通行为	3	0	3	4
4	路网全域车辆与交通融合控制	驾驶人或车辆负责单车安全，云控应用协调车车/车路行为/交通行为	3	0	3	5

① 云控功能1。云控功能1能够有效强化车辆及其他交通参与者的感知性能，并辅助车辆驾驶员和自动驾驶系统对车辆进行控制，为传统交通控制系统处理各项交通系统控制任务提供帮助。一般来说，网联化等级达到2级及以上的智能网联汽车才能够利用云控平台中的云控应用来辅助驾驶。

具体来说，对于由驾驶员来控制的车辆，在自动化等级方面没有任何要求；对于由自动驾驶系统来控制的车辆，为了充分发挥云控系统的作用，辅助车辆在运行设计域中实现感知、决策和控制等功能，车辆的自动化等级需达到3级及以上。除此之外，信息化能力在2级及以上的道路还可以与车辆进行信息交互，并在云控系统的作用下实现车路协同。

② 云控功能2。云控功能2具有较强的单车控制能力，能够实现单车网联决策、规划、控制和对混合交通的优化调节。在车辆通常由驾驶员或自动驾驶系统来控制的情况下，云控系统可以为车辆提供所需信息，并在此基础上辅助车辆实现自主控制，同时继续利用传统的控制方法来对交通系统进行控制。为了充分满足网联自动驾驶在实时性方面的要求，车辆的网联化等级以及道路系统的智能化等级应至少达到3级。

③ 云控功能3。云控功能3可以在网络的支持下实现多车协同决策、多车系统控制和有限场景的混合交通优化控制。云控应用与多车协同和交通运行的性能之间关系密切，对于部分超出单车自动驾驶能力的任务，区域交通系统要扩大自身的控制输入，云控系统要利用各项云控应用来进行车辆决策和运动规划，车辆要监控自身行驶情况，确保行车的安全性。与此同时，车辆还需在确保云控系统指令与自身的安全与任务等目标相协调的情况下进行控制，并协同云控系统中的各项云控应用共同发挥作用。

不仅如此，云控系统中的云控应用还可以完成路权控制、交通流控制、信号配时与相位控制等任务，同时采集和分析交通状态相关信息，并根据分析结果对控制情况进行灵活调整，这些云控应用还能够统一优化交通管控过程和多车驾驶过程，因此道路的智能化等级也要进一步提高。对于主要由自动驾驶车辆与人驾驶车辆组成的混合车队，驾驶自动化等级可仍旧维持原样。

④ 云控功能4。云控功能4可以对整个服务区域中的车辆和交通进行融合控制。在云控功能4的作用下，车辆需要利用云控系统中的云控应用来控制车辆和交通。具体来说，云控功能4与优化整个路网中的车辆和交通息息相关，路网中的道路需要具备较高的智能化等级，而在混合交通当中，驾驶员也是车辆驾驶的参与者，需要与自动驾驶系统交替控制车辆，因此处于这一情况下的车辆可以维持原有的驾驶自动化等级。

总而言之，云控系统的功能设计既要符合系统实现和应用实施方面的各项相关要求，也要与功能的控制主体以及基础支撑条件相对应，同时行业内的相关工作人员也要根据各类应用实施条件进一步优化和完善功能划分和设计。

4.1.3　云控系统的关键技术

云控系统中融合了边缘云架构技术、动态资源调度技术、感知与时空定位技术、车辆与交通控制技术和云网一体化技术等多个学科和领域的先进技术，能够利用这些技术实现感知、控制和通信等功能，如图4-4所示。

图 4-4　云控系统的关键技术

（1）边缘云架构技术

边缘云架构技术在智能网联汽车云控系统中的应用能够在技术层面支持云控系

统实现高并发、按需运行实时类云控应用。与传统云计算架构相比，实时类云控应用在信息传输方面的时延更低，可以达到毫秒级，同时可靠性也更高，能够充分满足云控系统的实际需求。

边缘云架构可以通过集成实时通信、实时数据交换和实时协同计算等技术的方式来提高系统响应的实时性和数据请求的并发性，并降低数据传输时延，从而充分确保应用层的车路云数据交互在车辆自动驾驶控制过程中的实时性、并发性和所传输的信息的可用性、安全性，以及各项相关云控应用的互操作性和易用性。

具体来说，汽车和交通行业的相关工作人员在应用边缘云架构技术的过程中主要应完成以下几项相关技术工作：制定统一数据交互标准、开发基础数据分级共享接口、优化数据存储模型、构建高性能消息系统、配备轻量级基础设施、设置虚拟化管理平台、提高边缘云服务的实时性、强化上报和下发通信链路的性能。

（2）动态资源调度技术

云控系统中的各项云控应用能够在智能网联汽车以及其他交通系统等多种场景中发挥重要作用。一般来说，在高并发的情况下，云控系统中的各项应用之间可能存在资源使用方面的矛盾和物理世界车辆行为方面的冲突，因此云控系统需要从各项云控应用在实时性、通信方式、资源使用和运行方式等方面的具体要求出发选取合适的服务运行地点和科学合理的资源分配方案，提高服务的实时性和可靠性，确保服务能够充分满足实际应用需求，同时保证各项应用所服务的车辆在行车过程中的安全性。

具体来说，汽车和交通行业的相关工作人员在应用动态资源调度技术的过程中主要应完成以下几项相关技术工作：辅助驾驶、全局协同、生命周期管理、增强安全预警、车辆在线诊断、车载信息增强、高精度动态地图、云端车辆的按需调用和基于平台统一管理或自行管理的负载均衡。

（3）感知与时空定位技术

由于智能网联汽车和路侧传感器具有较强的异构性、分布不确定性和多源性，且车辆实现自动驾驶需要高精度、高实时性、高可靠性的信息数据的支持，因此云控系统需要充分发挥感知与时空定位技术的作用，解决路侧感知部署、车路感知系统配置、多源数据时间同步、多元异构数据关联等问题。为了强化车路感知性能，云控系统还需进一步增强自身对不同工况的适应能力，提高鲁棒性与实时性，以确保自身所获取的各项动态基础数据具有较强的实时性、精准性和可靠性，充分满足交通数字孪生需求和网联式自动驾驶在感知方面的各项需求。

具体来说，云控系统应充分发挥高精度地图、高精度定位技术的作用，打造以语义特征为基础的传感器数据智能配准，降低通信时延，提高信息传输的精准度、复杂场景的可用性以及安全性和鲁棒性，以便及时获取路侧设施位置、交通事件位置和交通参与者位置等各项位置表达相关信息，并确保这些信息的准确性，提高云控应用在感知与时空定位方面的各项信息的可靠性、精准性和可用性。

（4）车辆与交通控制技术

车辆与交通控制技术在云控系统中的应用能够实现对智能网联汽车的协同控制以及对交通行为的监测和调控，并在此基础上提高行车的安全性、高效性、节能性以及交通运行的效率。云控系统可以在全方位掌握交通运行总体需求和交通参与者个体需求的前提下，利用云控基础平台来实现单车协同决策、单车协同控制、多车协同决策、多车协同控制、车路协同决策、车路协同控制、交通协同决策和交通协同控制等多种共性基础服务，确保车辆能够规范驾驶，道路交通总体功能能够互相协调。

（5）云网一体化技术

云网一体化技术可以与 5G 和边缘计算（mobile edge computing，MEC）等多种先进技术协同作用，进一步强化路侧计算单元的计算和存储能力。汽车和交通领域的相关工作人员可以通过边缘云部署将各项本地应用引入到面向智能网联汽车和智能交通业务的云控系统当中，以便在更多交通应用场景中发挥作用。同时也能够充分满足云控系统异构网络在实时性、可用性和并发性等方面的各项要求，实时监测并预测通信节点和链路的工况，并统一优化调度高并发数据在网络中的路由和节点处理情况，提高服务质量。

具体来说，云网一体化技术可以通过边缘计算的方式对边缘云进行下沉处理，并在 5G 无线接入网侧借助边缘云来为路口级实时控制等现场控制级应用提供支持；不仅如此，云网一体化技术还可以充分发挥城域光纤的综合通信网络技术和来源于运营商的产业互联网专线的作用，按照实时性情况将区域云分为实时区域云和非实时区域云两种类型，进而实现货车编队行驶等多种具有一定实时性的路网级远程控制应用。

与此同时，云网一体化技术也可以利用车云、路云、云云网关等技术手段来支持边缘云、区域云和中心云进行标准化、高效化的跨域数据交互；除此之外，云网一体化技术还能够综合运用 V2X、网络切片和计算 - 存储 - 通信资源的联合优化管理等多种先进技术来为智能网联汽车和智能交通业务提供所需服务，充分发挥 V2X 在时延和可靠性等方面的优势。

4.1.4 云控系统的典型应用

智能网联汽车具有节能环保和交通高效通行需求，因此相关专业开发人员会在掌握云控系统架构的基础上针对车辆的需求设计具体应用服务，如云控汽车节能驾驶系统、云控交通信号管控系统，并利用各项相关技术对这两个云控系统应用进行测试，以便依据测试结果来对实际运行效果进行判断。

（1）云控汽车节能驾驶系统

云控汽车节能驾驶系统能够在掌握车辆前方行驶路线和地图数据的情况下利用云控平台来实时动态处理车速数据，并根据数据处理结果生成最佳车速控制序列，以便车辆按照该序列来控制车速，同时也可以将经济驾驶控制系统合理划分成以下两个规划目标，充分确保燃油经济性。

① 平均经济车速。基于云控的经济车速控制系统能够实时采集交通流信息和交通信号灯信息，确保车辆在各个路段中行驶时都能够保证车速的合理性，进而达到减少油耗的目的。

② 实时经济车速。车辆可以综合运用平均经济车速数据和来源于云控系统的道路与交通状况信息来为自身行驶于十字路口、上下坡道等场景中以及处于各种动态交通条件下时的车速进行分析和规划，并计算出实时经济车速，从而将燃油经济性提升到最佳水平。

具体来说，车辆的实时经济车速规划大致可分为二层。其中，在第一层规划中，车辆需要利用云控平台计算出车辆行驶在各个路段中时的最优平均经济车速，并按照计算结果来对车速进行控制，确保自身行驶在平路上时能够最大限度节约能源；在第二层规划中，应充分考虑跟车工况、坡道工况和起停工况，并针对这三类对油耗影响最大的工况来对车速进行优化设计。

● 跟车工况：车辆大多数时间都处于在平直道路上自然驾驶的状态下，会进行频繁的刹车和加速操作，因此这一工况的油耗最多，省油操作所获取的效益也最高。

● 坡道工况：车辆行驶在位于山区和丘陵地区的高速公路场景当中时，通常会经过许多坡道，因此这一工况具有巨大的节油优化潜力。

● 起停工况：车辆在起停时的加速情况不同会带来油耗方面的差别，因此对车辆加速情况的优化能够起到节油的效果，起停工况也具有巨大的优化空间。

总而言之，车辆会先按照第一层规划中计算出的平均经济车速在道路上行驶，并在行驶路径中不存在坡道的情况下继续按照平均经济车速行驶；在遇到坡道时借助第二层规划来对车速进行优化，将车速调整为坡道经济车速；在即将行驶至整段行驶路径的终点时按第一层规划的时间到达。

现阶段，云控节能控制算法已经应用到重型商用车辆当中，并在国道 G22 沂源服务区到诸葛服务区之间的路段进行实车道路实验。从实验情况上来看，与未配备云控节能控制算法的相同车辆相比，应用了云控节能控制算法的车辆在定速巡航方面的平均耗时更短，单位距离内的油耗更低，具体来说，其节油率大致为 2.45% ～ 6.00%，平均节油率为 4.68%。由此可见，云控节能控制算法的应用能够大幅提高车辆的燃油经济性。

云控汽车节能驾驶系统实车油耗实验结果如表 4-2 所示。

表4-2　云控汽车节能驾驶系统实车油耗实验结果

实验工况	距离 /km	总油耗 /L	100km 油耗 /L	行驶时间 /s	节油率 /%
1	36.54	14.309	39.746	1851	-4.21
2	36.54	14.572	40.478	1833	-2.45
3	36.54	14.168	39.355	1822	-5.16
4	36.54	14.042	39.005	1811	-6.00
5	36.54	14.302	39.727	1841	-4.26
6	36.54	14.044	39.011	1870	-5.99

（2）云控交通信号管控系统

随着我国城市交通路网规模的不断扩张，基于路侧信号机的交通控制模式已经难以满足当前的交通控制需求，汽车和交通领域的企业及相关部门需要对设备供应商进行统一管理，并提高管控系统的算力，降低信息共享难度，从而确保大范围交通状态估计的实时性和车流状态调整响应的高效性，充分满足各项城市交通信号管控需求。

从实际操作上来看，汽车和交通领域的企业及相关部门需要充分发挥云控系统架构的作用，针对城市主干路网制定网联车辆、信号灯和云控平台互相融合的车流状态混合引导控制方法，并实时采集网联车辆的各项行驶轨迹数据，综合运用各项相关数据和云控平台部署并行优化算法，从而完成混合引导信控路口和网联车辆的任务。具体来说，云控系统既可以通过网联端口向信控路口传输配时信息，强化信号灯在面对各类紧急事件时的动态响应能力，也能够借助支持云与车进行信息交互的终端设备来对网联车辆的行驶行为进行引导，并根据局部车辆行为对车流状态进行调控，进而达到提高城市主干路网的车辆通行效率的目的。

基于云控系统架构的云控交通信号管控系统能够利用车辆的历史轨迹数据和实

时轨迹数据解决各项偶发性问题和常发性问题，提高评估诊断整个服务区域内的各类信号系统问题的实时性，同时也能够进一步对交通信号管控情况进行系统化和动态化的优化处理。

具体来说，基于云控系统架构的云控交通信号管控系统主要具备以下几项技术特点。

●　该系统能够充分发挥高质量的互联网浮动车数据的作用，并在不使用外场检测设备的情况下完成检测器数据融合任务，强化自身性能。

●　该系统能够对道路交叉口的拥堵情况进行有效检测，并针对实际检测结果制定行之有效的优化方案，同时也能够减少人工干预。

●　该系统可支持轻量化部署，且具备上线速度快、生效速度快、用户操作界面简洁方便、复制性强、兼容性高、推广性强等诸多优势。

4.2　云控基础平台的构成与应用

从需求主体来看，云控基础平台需要满足以下需求：一是智能网联汽车本身的安全性、环保性、舒适性和高效性需求；二是政府职能部门的交通管理要求，具体包括辖区交通动态感知、交通管理、道路规划与建设等方面；三是产业链参与者对交通数据的应用需求。根据不同主体需求的差异，对平台的时空范围、服务时延及数据赋能的要求也不同。为了有效满足不同主体的差异化需求，平台采用"边缘 - 区域 - 中心"的三级分层结构，具有物理分散、逻辑协同的特点。云控基础平台架构如图 4-5 所示。

4.2.1　边缘云的概念与结构

下面首先对边缘云进行简单分析。

边缘云基于贴近数据源（主要是路侧设施和车端）的基本特征，可以采集到实时的、细粒度的动态交通数据，以低时延、高可靠性的优势赋能融合感知、协同决策、协同控制等应用需求，为弱实时性、实时性的云控应用基础服务提供了支撑；同时能够辅助提升车辆的运行效率及安全性、降低能耗。边缘云的组成结构主要包括边缘云一体化底座、标准化分级共享接口和不同领域的特定标准件等。其总体框架如图 4-6 所示。

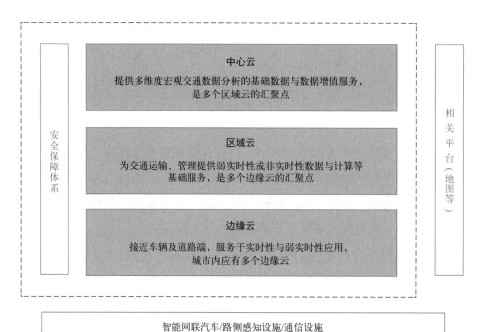

图 4-5　云控基础平台架构

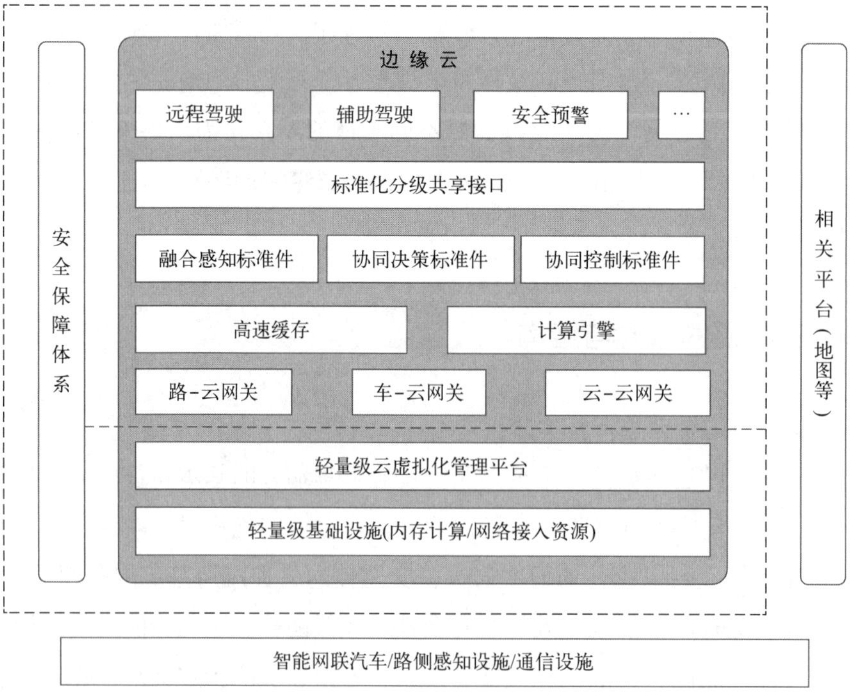

图 4-6　边缘云总体框架图

从结构上来看，边缘云主要由轻量级基础设施和虚拟化管理平台、边缘云接入网关、高速缓存和计算引擎、边缘云领域特定标准件和标准化分级共享接口等多个部分构成。

① 轻量级基础设施和虚拟化管理平台。大致可划分为上层和底层两部分：上层指的是轻量级云虚拟化管理平台，能够对各项基础设施进行虚拟化处理，同时也具备管理功能，能够对基础设施进行管理；底层则主要包含内存计算、网络接入资源等轻量级云计算基础设施。

② 边缘云接入网关。主要包含路 - 云网关、车 - 云网关和云 - 云网关三部分：路 - 云网关可以将来源于路侧感知设施的各项感知数据上传到边缘云当中，如路侧摄像头感知数据、路侧雷达感知数据等；车 - 云网关可以将来源于车辆的各项总线数据和感知数据上传到边缘云当中；而云 - 云网关可以向第三方平台传输交通信号信息、高精度地图和实时气象信息等数据信息，并支持边缘云和区域云进行数据交互。

③ 高速缓存和计算引擎。高速缓存能够以极高的速度缓存各项车路动态信息，计算引擎能够通过基础计算的方式对这些车路动态信息进行预处理，二者共同作用，在数据缓存和计算层面为具有一定实时性的云控应用提供支持。

④ 边缘云领域特定标准件。从功能上来看，边缘云可以借助一组领域特定标准件实现道路交通预见性感知功能，并提供相应的决策建议，让车辆能够及时发现视线盲区和超视距区域中的危险，并在各项云控应用的支持下实现危险预警、协同换道规划等功能，提高行车的安全性。

具体来说，边缘云领域特定标准件主要包括以下几种类型。

● 融合感知标准件，可以在云网一体化的基础上，实时获取路侧传感器的感知数据等数据信息，并将这些路侧多源异构传感器数据作为输入，提高行车的安全性；同时也可以综合运用各项智能化数据，以标准化应用程序编程接口（application programming interface，API）的形式呈现出道路交通环境的实际感知情况，以便云控基础平台据此为用户提供相应的道路交通预见性感知服务。

● 协同决策标准件，可以在云网一体化的基础上，采集融合感知标准件所输出的数据、车辆数据、道路实时路况数据等相关数据信息，并将这些数据信息作为输入，提高网联汽车在行车时的安全性；同时也可以充分发挥云端集中决策的作用，以标准化 API 的形式呈现出实际决策结果，以便云控基础平台为用户提供车速、变道等方面的建议。

● 协同控制标准件，可以在云网一体化的基础上，广泛采集车辆实时状态和实时路况等数据信息，并将这些数据信息作为输入，进一步提高网联汽车在行车时的效率以及安全性和节能性；同时也可以基本掌握车辆状态，实现对车辆的专用控制，并以标准化 API 的形式呈现出云控基础平台的协同控制指令，以便为用户提供行车控制服务。

⑤ 标准化分级共享接口。主要由标准化数据交互规范和分级共享接口构成，能够在云架构的不同层级中完成数据标准化转换，并通过信息共享的方式为车辆实现远程驾驶、辅助驾驶、安全预警等云控应用功能提供强有力的支持。

4.2.2　区域云的概念与结构

区域云的数据来源主要是边缘云及相关支撑系统，通过对这些数据的分析处理，可以为区域级的融合感知、协同决策、协同控制与智能管理等应用服务提供支撑。该层级主要面向交通运输管理、道路基础设施管理等政府职能部门，为其提供非实时性和弱实时性的通信、数据服务；同时也可以在以车辆为主体的弱实时性应用服务中发挥作用。其总体框架如图 4-7 所示。

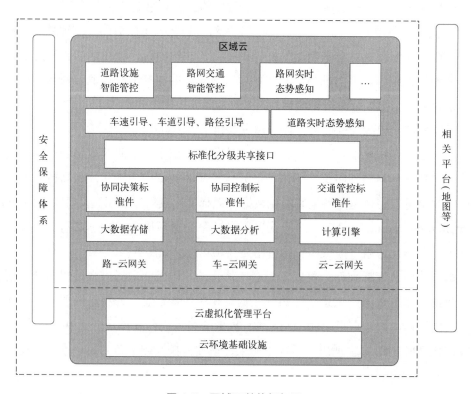

图 4-7　区域云总体框架图

区域云为数据中心集群，由多个数据中心组成，既能够为区域级的交通监管工作和交通执法工作提供支持，也能够为域内车辆提供各类基础服务。从结构上来看，区域云主要由基础设施和虚拟化管理平台、区域云接入网关、区域云领域特定标准件、标准化分级共享接口以及大数据存储、大数据分析和计算引擎等构成。

① 基础设施和虚拟化管理平台。大致可划分为上层和底层两部分：上层主要包括云虚拟化管理平台，具有基础设施管理功能，同时也能够对基础设施进行虚拟化处理；底层主要包括计算资源、存储资源和网络资源等各项云环境基础设施。

② 区域云接入网关。主要包含路 - 云网关、车 - 云网关和云 - 云网关：路 - 云网关可以将来源于路侧感知设施的各项感知数据上传到边缘云当中；车 - 云网关可以将来源于车辆的各项总线数据和感知数据上传到边缘云当中；云 - 云网关可以借助第三方平台广泛采集实时气象信息、交通管控信息等数据信息，并为云控基础平台的各个组成部分之间的数据交互提供支持。

③ 区域云领域特定标准件。从功能上来看，区域云可以充分发挥领域特定标准件的作用，为用户提供协同决策、协同控制、交通管控等服务，并助力网联汽车在云控基础平台的支持下实现区域路网实时态势感知和云端最佳路径规划等功能。

④ 标准化分级共享接口。分为标准化数据交互规范接口和分级共享接口两种类型，能够支持云控基础平台实现路径引导、车辆编队行驶、道路监控预警、路侧设施远程控制等功能，从而为网联汽车提供广域范围的云控应用。

⑤ 大数据存储、大数据分析和计算引擎。云控基础平台可以利用大数据存储来存储各项边缘云缓存数据以及所需的路侧监控视频数据；也可以利用大数据分析和计算引擎来分析处理各项数据，以便为用户提供各类弱实时性共性服务和非实时性共性服务。

4.2.3　中心云的概念与结构

中心云则集成了来自区域云的各类数据信息，根据特定规则进行存储、整合、管理，并基于分布式架构设计和大数据、云计算能力实现对业务数据的高效处理；同时，通过平台共性基础能力的分级共享，为产业链参与者（如汽车厂商、相关科研机构、交通基础设施供应商）和交通决策管理部门提供基础数据增值服务和业务运营支持。中心云的组成结构除了包括与中心云通信需求匹配的特定标准件和标准化分级共享接口，还包括中心云接入网关等。其总体框架如图 4-8 所示。

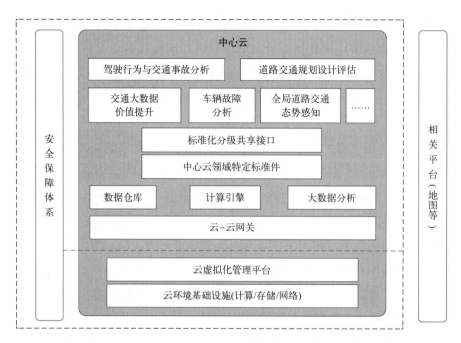

图 4-8　中心云总体框架图

从结构上来看，中心云主要由基础设施和虚拟化管理平台、中心云接入网关、数据仓库和计算引擎与大数据分析、中心云领域特定标准件、标准化分级共享接口等多个部分构成。

① 基础设施和虚拟化管理平台。与区域云当中的基础设施和虚拟化管理平台具有同样的逻辑结构，但在物理规模方面，各个区域范围之间存在一定差别。

② 中心云接入网关。主要包含云 - 云网关，能够为中心云与中心云以及中心云与区域云之间的数据交互提供支持。

③ 数据仓库、计算引擎与大数据分析。中心云中的数据仓库能够充分发挥区域云中的各项交通历史数据的作用，并整合不同维度的基础数据；而计算引擎与大数据分析可以对这些数据信息进行分析处理，从而助力云控基础平台全方位提高数据价值。

④ 中心云领域特定标准件。从功能上来看，中心云领域特定标准件能够充分利用智能网联汽车和智能交通领域的各项相关数据，有效提升这些数据信息的价值。

⑤ 标准化分级共享接口。主要包含标准化数据交互规范接口和分级共享接口两种类型，能够支持云控基础平台实现多种全局云控应用功能，如驾驶行为与交通事故分析、车辆故障分析、交通大数据价值提升、道路交通规划设计评估、全局道路交通态势感知等。

4.2.4 云控基础平台的应用

云控应用主要是指依托于云控基础平台功能实现的应用服务，这些应用服务是多种多样的，根据应用方向来看，主要可以分为网联车辆赋能、交通管理与控制和交通数据赋能三种类型，如图4-9所示。

图4-9 云控基础平台的应用

4.2.4.1 网联车辆赋能类应用

智能网联汽车是车路云一体化系统中的关键参与要素，车辆作为一种被广泛使用的交通工具，驾驶安全性、运行高效性、乘坐舒适性及使用环保性是其基本应用需求。

在云控基础平台的边缘云层面，可以实现对车端、路侧数据的实时采集与处理，同时融合决策与控制标准件的服务能力，可以为智能网联汽车的驾驶安全和运行效率有效赋能。具体应用服务主要有多车协同避障辅助、盲区碰撞预警、超视距危险预警、匝道汇入汇出引导、绿波通行提示等。

在云控基础平台的区域云层面，基于对边缘云数据和其他支撑系统数据的融合计算，可以为智能网联汽车提供的应用服务主要有：最优出行路径规划辅助、节能与舒适车速引导、停车位与充电桩引导、交通事故或施工道路提醒、特定区域强制接管、车辆起停速度控制、泊车自动巡航等。同时，应用服务类型、服务质量会受到网联车辆智能化程度和驾驶控制方式的影响，服务的时效性也有一定差异。

4.2.4.2 交通管理与控制类应用

交通管理与控制类应用主要服务于交通管理领域的公共职能部门，其核心应用服务包括交通秩序管理、公交与客货运管理、公路或市政道路维护、道路交通及城市规划等，如图 4-10 所示。

图 4-10　交通管理与控制类应用服务

（1）交通秩序管理

在交通秩序管理方面，云控基础平台基于对边缘层交通数据和来自其他交通系统数据的融合分析，可以赋能智能交通决策与管控活动。平台能够为交通秩序管理部门提供的具体应用服务主要有：区域路网实时运行状态感知、交通流量统计、交通拥堵原因分析、交通事故评估、交通流诱导及态势推演等。

同时，可以基于区域云层面的应用服务能力，辅助各类交通管理系统进行协同决策与协同控制，从而提升路网利用率、降低交通安全风险、疏解交通拥堵，及时响应重大活动或突发事件带来的交通管制需求；此外，平台还可以在信号灯绿波协调控制、交通信息发布、交通组织优化、应急预案管理、可变车道控制等方面发挥重要作用。

（2）公交与客货运管理

在公交与客货运管理方面，云控基础平台可以基于路侧、车端的感知数据和公交、客货运相关系统的数据，对居民出行方式特征和交通流量峰值、流向等时空特征进行分析，从而以智能算法辅助规划公共交通线路、合理配置运力和人员；同时，可以通过规范化的信息渠道为公众提供出行建议，引导居民的出行需求与交通道路资源充分匹配，缓解路网交通压力。另外，平台可以综合分析辖区内的客货运流向数据，对客货运通道进行合理规划，提升运行监管工作效率。

（3）公路或市政道路维护

在公路或市政道路维护方面，云控基础平台可以基于车端和路侧的感知数据，实时检测所管辖区域内的路面情况，并根据道路损耗情况自动生成道路维护方案；另外，可以向相关管理单位提供道路设施、设备及资产管理方面的应用服务。当平台监测到道路结冰、湿滑、严重破损等异常情况，可以及时生成预警信息同步到相关单位和区域内的车辆，并辅助实行应急措施，以确保通行安全。

（4）道路交通及城市规划

在道路交通及城市规划方面，云控基础平台可以根据海量历史交通数据进行大数据分析，充分挖掘路口负荷、路网承载能力、交通流量峰值、交通事故发生率等关键信息和所对应的时空特征信息，从而在交通路网预测与管理需求中发挥作用。同时，结合平台提供的路网信息、交通流量信息和地块信息，可以对路口、路段、建筑布局等进行科学规划。

4.2.4.3 交通数据赋能类应用

交通数据赋能类应用主要服务于产业链参与者或其他用户群体，平台基于海量交通数据信息，为相关参与主体的业务运行需求赋能。这些参与者包括：汽车零部件供应商、整车制造企业、车辆销售与售后服务商、物流运输服务商、保险业务提供商和科研机构等。以下对部分参与者的应用需求的实现情况进行简要介绍。

（1）面向汽车零部件供应商

云控基础平台可以基于车端的大量运行数据，对智能网联汽车的行驶工况进行全面分析，根据零部件的损耗情况得到准确的使用寿命预测，从而为相关零部件供应商提供优化指导意见，促进车身零部件的完善与升级。具体应用场景包括轮胎匹配性调整、传感器自适应标定、雨刮器强度升级、制动片寿命提升等，为非易损件可靠性分析及易损件强度优化等问题的解决提供了重要支撑。平台的车辆大数据分析能力对零部件可靠性的提升起到了积极作用。

（2）面向整车制造企业

就整车制造企业来说，云控基础平台强大的数据服务能力可以为虚拟模型构建、信息挖掘等活动高效赋能。平台能够满足的应用需求包括新产品研发仿真、生产制造优化分析、车辆全生命周期质量分析、整车测试及供应链风险评估等。同时，平台可以结合客户群体特征和驾驶行为等数据，准确把握客户需求，为车企提供车辆配置、功能要求等方面的建议。

（3）面向其他用户群体

云控基础平台可以对类别全面且完整的海量交通数据进行整合、挖掘和分析，满足产业链其他用户的数据应用需求，促进产业发展。例如，可以为关键技术研发团队或科研机构提供相关数据的仿真、测试及验证服务；辅助车辆销售与售后服务商进行零部件库存规划分析和用户群体分析等；为保险业务提供商的车险动态定价分析、驾驶行为分析等活动提供支撑；为物流运输服务商提供定制化出行服务规划建议；等等。随着平台应用功能的拓展，还可以为各类创新的商业模式或创业活动提供有力的数据支撑。

4.3 基于边缘计算的车路协同应用

4.3.1 边缘计算的概念与特征

边缘计算中的"边缘"属于相对概念，指的是数据中心到云计算中心这个路径中各种存储、计算和网络资源，从数据端到云计算端的路径上，按照应用的需求与实际场景，"边缘"可看作是该路径上的某个或多个资源节点。边缘计算作为一种新型计算模式，主要指在网络边缘进行计算与数据处理，主要包括上行的万物互联服务和下行的云服务。边缘计算的本质是云计算在数据中心外部汇聚节点的延伸与演进，其落地形态构成有边缘云、边缘网络和边缘网关三类。

边缘计算适用于集成的算法模型，它侧重于局部业务，计算方式面向本地化，对实时性的要求较高，网络压力也比较大，适合本地的小规模预处理和智能分析相关工作。将其引入到智能网联汽车领域将会对智能网联汽车获取与处理环境数据有较大助益。

目前，在智能网联汽车中，云端具有庞大的计算资源，是数据处理的核心部分，大规模的数据集中化分析以及人工智能算法模型都是在云端进行的，并且可以在超短的时间内完成数据处理。不过这种只凭借云端为自动驾驶汽车提供计算服务的模式在许多情况下是不能够满足车辆需求的。智能网联汽车在行驶过程中有大量的数据需要进行实时处理，若把这些数据全部传送到云端去处理，那么将会造成高时延，无法保证数据处理的实时性，而且核心网络的带宽也不足以满足众多车辆一同向云端发送大量数据的需求，若采用此种方式极易出现核心网络拥塞，无法保证数据传输的稳定性，这样会使得自动驾驶汽车的行驶安全性大打折扣。这时就需要引入边缘计算来与云计算相互配合，协调计算工作。

综上所述，边缘计算与云计算相辅相成，二者相互促进、相互补充，成为行业数字化转型不可或缺的两大计算方式，一同面对和解决自动驾驶及相关领域的计算问题。

目前，在自动驾驶中会使用一种加固的增强型个人计算机，即自动驾驶工控机。作为自动驾驶边缘计算设备，它采用了符合专业标准的全钢化工业机箱来提高抗电磁干扰能力，采用了总线结构和模块化设计来避免单点故障，使其可以在工业环境中稳定、可靠地运行。

图 4-11 所呈现的自动驾驶工控机网络设计方案严格参照汽车功能安全标准 ISO

26262，其 CPU、GPU、FPGA 和总线都是冗余设计，这样就可以做到在系统失效时冗余设计充分发挥作用，可以确保运算安全，同时能够发送指令给车辆的 CAN 总线以控制车辆停车。

从目前情况来看，这类集中式架构可用于下一代集中式自动驾驶系统方案，下一代集中式域控制器可由工控机充当，做到所有计算工作的统一，而且相关的算法迭代也不必着重考虑硬件的整体升级和车规要求。

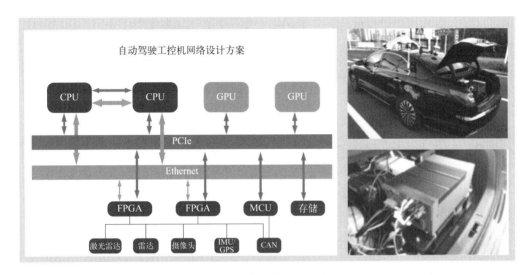

图 4-11 自动驾驶边缘计算设备

前面明确谈到过边缘计算中"边缘"的含义，这种计算模型主要负责在网络边缘执行计算。其操作对象是万物互联网的上行数据和云服务的下行数据，简单来讲就是边缘计算将服务器部署到用户附近的边缘节点，在无线接入点等网络边缘为用户提供服务，避免大量数据的长距离传输，能够做到更加迅速地响应客户。同时，其自身的任务卸载技术可以把自动驾驶汽车的一些计算任务分配给其余边缘节点执行，能够有效改善车辆计算资源不足的问题。

边缘计算具有以下几个较为明显的优势，如表 4-3 所示。

表4-3 边缘计算的主要优势

主要优势	具体内容
邻近性	边缘计算距离信息源较近，可以依靠数据优化来获取大数据中的关键信息并进行分析；同时还能够直接访问设备，为边缘计算提供高效服务，轻松衍生出特定的应用场景
低时延	相对于云计算，边缘计算靠近产生数据的终端设备，很大程度上降低了时延，特别是在智能网联汽车的驾驶应用场景中，提升了反馈速度

主要优势	具体内容
本地性	边缘计算可以实现运算的本地化,即与网络其余部分隔离运行,进行相对独立的计算,这样既可以减轻计算对网络质量的依赖,还可以保证本地数据的安全
位置感知性	边缘网络作为无线网络的一部分,其计算式的本地服务能够凭借少量信息来判定全部连接设备的位置,在一些基于位置的服务应用场景中可以充分发挥作用

当前,边缘计算正逐步朝着边缘智能、异构计算及 5G+ 边缘计算等方向发展演进。其中,异构计算可以依靠由不同的指令集、不同体系架构的计算单元构成的计算方式来应对边缘业务的多样化的计算需求。在异构计算的加持下,可以构建新一代"连接 + 计算"的基础设施,可以解决差异化应用、碎片化产业的相关需求,最大程度地利用计算资源,灵活部署和调度算力。

4.3.2 基于边缘计算的自动驾驶

边缘计算在自动驾驶领域的两个主要应用分别是任务卸载和协同感知,基于这两项技术的自动驾驶有望实现更进一步的创新与突破。前面曾介绍了边缘计算的任务卸载,此处不再赘述,接下来主要介绍一下协同感知技术。

协同感知能够捕获到其他边缘节点的传感器信息,扩大智能网联汽车的感知范围,加强环境数据的完整性。举例来讲,自动驾驶汽车搭载了摄像头、激光雷达等传感器,可以依靠车用无线通信技术来全面感知车辆、道路和交通数据,从而获得更多的信息,强化对超视距范围内环境的感知,并依靠高精动态的 3D 地图实时共享车辆位置。这种协同感知可以把采集到的数据与道路边缘节点和周边车辆进行交互,以此扩展自动驾驶车辆的感知能力,达成车辆之间、车与路之间协同的目标。

在实现协同的这一过程中,云计算中心主要负责收集各边缘节点的数据来感知交通系统的运行情况,同时借助大数据和人工智能算法,发布恰当的调度指令给交通信号系统、边缘节点和车辆,以此提高系统工作效率。譬如,在遇到大雨、暴雪、浓雾等极端天气时,摄像头无法清晰获取图像;在转弯处或交叉口时,雷达无法准确探测前方障碍。在诸如此类的情况下,可以利用 V2X(vehicle to everything,车辆与一切事物相连接的新一代信息通信技术)来获得行车、道路等实时数据,智能预测路况,防止出现意外事故。

在自动驾驶领域中的边缘计算框架离不开 5G 与边云协同技术。这两项技术可以为其提供通信基础设施及服务。边缘的小型数据中心是边缘侧,主要指车载单元、路侧单元、移动边缘计算服务器等。车载单元作为环境感知、决策规划以及车辆控制的主体，需要与路侧单元或移动边缘计算服务器协同运作，路侧单元会给车载单元提供较多的道路和行人信息，不过像节点管理、车辆远程控制、车辆模拟仿真和验证、数据的持久化保存和管理等功能更加适合在云端运行，这时候边云协同技术便可以发挥其功能。

自动驾驶系统的边缘计算主要有以下四方面优势。

（1）负载整合

自动驾驶的边缘计算可以把不同属性的负载，如高级驾驶辅助系统、信息娱乐系统、数字仪表、后娱乐系统以及抬头显示等，借助虚拟化计算运行于同一硬件平台。通过硬件抽象层与虚拟化的负载整合，有助于云端对车辆驾驶系统整体业务的编排，同样也利于更新深度学习模型以及升级软件与固件等。

（2）异构计算

自动驾驶系统边缘计算平台整合了不同属性的负载，这些负载在不同硬件平台上的运行性能和能耗比不同，所以要根据具体情况采取差异化的计算方式，如基于深度学习的目标识别和检测、地理定位和路径规划、图像预处理和特征提取以及传感器融合和目标跟踪等。

一般来说，CPU（central processing unit，中央处理器）更加适合逻辑运算，其在该方面性能较好、能耗较低；GPU（graphics processing unit，图形处理器）则更加擅长处理目标识别、跟踪的卷积计算；DSP（digital signal processor，数字信号处理器）则在提取定位等特征上更具优势。异构计算这一方法在很大程度上提高了边缘计算平台的性能与能耗比，保证了计算的低时延，其对于差异化的计算任务选取与之相匹配的硬件实现，使得各硬件平台的优势得以展现，而且借助上层软件接口的统一屏蔽了硬件的多元化。

（3）实时处理

为保证智能网联汽车的行车安全，自动驾驶系统要求高实时性，这是因为一旦在行驶过程中遇到危险，自动驾驶系统可以利用的制动避撞时间极短，也就几秒的时间用于制动反应，而这期间包括了云端计算处理、车辆本身系统计算、车间协商处理以及制动处理时间。

若将以上自动驾驶系统的响应实时分配至边缘计算平台的各个模块，则需进一步细化，将其继续分为感知检测时间、融合分析时间和行为路径规划时间。在这个过程中网络的时延也是十分关键的，5G凭借其自身的低时延和高可靠性可以做到让智能网联汽车的端到端达到毫秒级的时延，而且几乎可以达到100%的可靠性。5G

的好处还在于能够按照优先级灵活划分网络处理能力，由此保证以较快的响应速度来传输车辆控制信号。

（4）安全优化

边缘计算主要是把大量的数据计算与存储由中央单元移至边缘，将计算能力布局在了距离数据源较近的地方，这样部分数据便不需要通过网络传输到云端进行处理，在很大程度上降低了网络时延、减轻了网络负荷、提升了数据的安全性以及保障了数据的隐私性。在今后的发展中，路侧单元、基站等靠近车辆的移动通信设备有可能都会部署车联网的边缘计算，这样有助于更好地完成本地端的数据处理以及数据决策，同时还能够为系统提供实时且可靠的通信环境。

边缘计算的安全优化设计结合了云计算和边缘计算纵深的安全防护体系，有效提高了系统各部分，如网络、应用、数据、边缘基础设施等识别与抵抗各类安全威胁的能力，促进了边缘计算的健康发展，为其发展营造了安全可信的环境。按照目前的发展情况来看，下一代自动驾驶系统 5G 核心网的数据面与控制面具有分离态势，NFV（network functions virtualization，网络功能虚拟化）促使网络部署更为灵活化，有助于边缘分布式计算部署的顺利完成。

4.3.3   边缘计算车路协同总体方案

车路协同平台是智能网联汽车发展的基础，车路协同平台综合运用了智能感知、智能计算、自动控制等技术，基于高可靠性的网络通信能力和标准化通信协议，实现车辆运行、基础设施、行车环境、交通综合管理系统等数据的高效交互与协同，并通过大数据分析、云计算、边缘计算基础服务机制，满足智能网联汽车的相关应用需求，为驾驶安全性提供保障。

4.3.3.1   基于边缘计算的 V2X 平台架构

如果将边缘计算运用于 V2X 平台，可以将部分核心层和终端层的计算负荷转移到边缘层，靠近数据源"就近"处理数据，从而提高了数据传输和处理的效率，能够满足交通场景中的大数据流量、低时延等要求。V2X 在纵向上可以分为核心层、终端层、边缘层等层面。

（1）核心层

核心层是数据处理的中枢，计算能力最为强大。在车路协同的应用场景中，对区域内采集到的感知数据、交通数据进行分析处理，发挥着宏观交通调度、车辆大数据监管、全局路径规划、高精度地图管理等作用。核心层没有苛刻的时延要求，但因为要承载海量的交互数据，需要强大的算力和带宽。

（2）终端层

车辆终端层根据自主感知信息和所接收到的平台信息，快速进行判断和决策，从而控制车辆的运行状态，例如减速、紧急制动等。为了保障行车安全，对数据时延有着严苛的要求。

（3）边缘层

边缘层基于边缘计算的特点，能够为车路协同、自动驾驶等应用场景提供强大的算力支持，其靠近数据源的下沉式计算特点，避免了数据传输到中心再回传反馈的时间损耗，能够高效、快速地完成数据处理。此外，还可以对基站数据进行匹配分流。

4.3.3.2　基于边缘计算的车路协同架构

车路协同的主要应用可以部署在云上，在横向上可以分为感知设备层、基础设施服务层（IaaS）、平台服务层（PaaS）、应用服务层（SaaS）。

（1）感知设备层

感知设备层依托于车载传感器、图像传感器等终端设备和卫星定位系统等，对各种交通数据进行采集，如交通流量数据、违章检测数据、高精度地图数据、手机信令数据等，并将这些动态数据实时传输到云计算平台，以供平台进行分析、判断并做出正确的决策。

（2）基础设施服务层

基础设施服务层（IaaS）涵盖了云计算所需要的存储设备、服务器、通信模组等资源，平台运营商对这些资源进行统一的运维与管理，并根据业务场景及用户需求灵活分配计算资源。在车路协同的解决方案中，边缘计算发挥着重要作用，可以将其部署于路口、车站、社区等特定场所，实时采集区域内的交通环境信息，并进行分析、整合后发布到需求侧。

（3）平台服务层

平台服务层（PaaS）是一种构建在虚拟服务器集群之上的，有着开放式架构的云计算平台。基于其强大的算力支撑，并结合基础设施服务层提供的数据，建立相关应用所需要的业务数据库、基础数据库，实现了来源于不同端口的信息交互与共享，为用户提供了端到端的软件开发与部署、应用程序托管、运行环境支撑等服务。

（4）应用服务层

应用服务层（SaaS）则涵盖了具体交通场景中的多种应用，并通过车载终端、个人移动终端、信号灯、LED 智能交通诱导屏等设备为个人用户、企业与交通管理部门提供个性化的应用服务。其应用系统包括智能感知系统、交通管理协调系统、交通信息服务系统、驾驶安全辅助控制系统、自动驾驶信息服务系统和个人或车载移动终端 App 等。

4.3.3.3　边云框架

边缘计算在车路协同平台架构中并不是独立层级，而是涉及 EC-IaaS、EC-PaaS、EC-SaaS 的端到端的开放平台，与 IaaS、PaaS、SaaS 各层级分别对应。一般来说，边缘计算节点的功能划分如下。

● EC-IaaS 主要面向虚拟化资源、实时操作系统（Real Time Operating System，RTOS）等，与云端 IaaS 实现网络、虚拟化资源、安全保障等方面的资源协同。

● EC-PaaS 主要面向数据处理、实时控制、综合管理等，与云端 PaaS 实现数据协同、应用管理协同、业务管理协同。

● EC-SaaS 则主要面向具体场景应用，与云端 SaaS 实现应用服务协同。

4.3.4　边缘计算在车路协同中的应用

边缘计算是融合了计算、存储、网络以及应用核心能力的分布式开放平台，其明显特征就是靠近数据源，处在网络的边缘，能够就近提供边缘智能服务，以满足各系统在迅速连接、实时业务、数据优化、隐私安全等方面的需求。边缘计算还可以很好地勾连物理与数字世界，为未来的智能网关、智能资产、智能系统及智能服务赋能。

早期的 ITS（intelligent traffic system，智能交通系统）是基于云计算中心而建立的，彼时系统的数据计算、数据处理都在云端进行，数据在前端被实时采集之后会传输至云端完成计算，再将计算结果发布给路口信号机与移动终端，最终做到云端信号灯系统的战略控制与路口协调控制。

近些年来，车路协同系统取得了较大发展，随之而来的是大量的数据需要进行处理，而在车辆行驶过程中，其安全服务要做到以毫秒级延时的标准来通知驾驶员或采取措施控制车辆，所以传统的将数据传输至云计算中心的计算方式难以满足车路协同实时性的要求。

边缘计算可以有效整合云端的计算负荷，在边缘计算节点完成绝大多数计算，借助路侧单元以及 5G/LTE-V 对计算结果进行传输，实时传给车辆的车载单元以满足车路协同高时效性的需求。

车路协同与自动驾驶是智慧交通的重点，车路协同技术是未来智慧交通系统发展的一个重要方向。边缘计算在车路协同能力的构建上，主要涉及以下三方面。

（1）车内边缘计算

目前，智能网联汽车的车内通信大部分采用的是控制器车载总线，用来检测与控制车内的各个子系统，未来将采用高速实时车载以太网技术，届时车辆会成为边缘计算节点，通过结合边云协同在本地为车辆提供控制能力和增值服务。

（2）道路边缘计算

在不久的将来，新的路侧系统会综合构建路侧边缘计算节点，届时会结合 5G/LTE-V 等多种通信方式、配备多种传感器接口和局部地图系统，同时还会提供信号配时信息与周边运动目标信息以帮助车辆协同决策。自动驾驶可以通过对实时交通信息的分析来规避风险或对事故进行预警，以此来降低交通事故发生率。

智能网联汽车会通过摄像头、雷达等获取数据，这些数据需要借助边缘网关来与道路基础设施及周边车辆进行交互，以扩大感知范围，由此达成车辆之间、车路之间的协同，及时向驾驶员发出变道预警、碰撞预警以及提供自适应巡航等辅助功能，在需要时还可以接管汽车以避免事故的发生。

（3）车路协同云

若想进一步达成交通的高效调度，可以借助车路协同云来与车辆及道路的边缘计算节点进行交互，以此感知车辆的速度与密度等，这样可以有效引导道路上的车辆避开交通拥堵路段。当车辆行驶到交叉路口时，车辆边缘计算会结合道路交通情况为道路边缘计算节点提供当前道路信息，道路边缘计算节点收集到附近道路的相关信息后会利用大数据算法，发布合理的交通调度指令，利用控制信号灯状态以及向驾驶员提供拥堵预警等方式，缓解交通拥堵，实现道路的最大利用率，减少车辆的停留时间，进而提高交通运行效率，减少车辆油耗。

第 5 章

车路协同与
智慧交通

5.1　智慧交通关键技术及应用

5.1.1　车路协同云平台

车路协同云平台是整合了人、车、路、云多端数据的智能交通平台，具有车路协同设施安全接入验证和接入信息类别扩充等多种功能，既能够充分保证接入的设备和设施的真实性、安全性、有效性，也能够将气象信息、事故信息、交通基础设施信息和前端智能网联信息等多种信息纳入云平台当中，同时还能够获取数据统计和数据分析中的信息。对交通管理人员来说，车路协同云平台可用于获取路网的车流变化、气象情况和总体运行状况等实时动态信息；对自动驾驶车辆来说，车路协同云平台可用于规划决策、出行预测以及道路远程实时监测。

为了解决当前智能交通信息物理融合路网建设中的对象类型复杂、数据采集规模大、数据传输需求大、数据计算要求高、实时调度控制能力不足等问题，我国在云控制理论的基础上进一步加强了对现代智能交通控制网络的研究，并研发出具有边缘控制和网络虚拟化功能的智能交通信息物理融合云控制系统，同时也提高了自身在满足智能交通需求方面的能力。

为了实现精准的短时交通流预测和交通拥堵情况预测，车路协同云平台需要利用云控制管理中心服务器，同时也要借助深度学习算法和极限学习机等智能化的学习系统和方法来进行机器学习并计算各项交通流数据。除此之外，还要充分发挥智能优化调度算法的作用，通过云端来获取最佳交通流实时控制方案，进而强化智能交通控制系统的动态运行性能，提高交通流分配的合理性，达到防止出现交通拥堵的目的。

一方面，智能交通信息物理融合云控制系统具有复杂性的特点，这会导致系统建模困难；另一方面，云端和终端之间的网络存在时延高和带宽饱和的问题，这会影响智能交通信息物理融合云控制系统的数据处理能力，进而降低系统性能。云端协同是处理这两方面问题的有效方式，具体来说，云端协同控制能够大幅提高系统的实用性和可用性，并将控制作为一种按需申请、随时取用的服务，也就是控制即服务（control as a service，CaaS）。CaaS可以向用户、管理员和开发人员三方提供服务，如用户既可以借助CaaS获取具有网络、存储、专业控制软件、基础操作系统等多种配置的控制开发平台，进而保证系统的整合率和经济性，也可以通过系统供应商来获取虚拟机、存储等资源，进而为使用控制计算软件提供方便。

在联网的前提下，用户无须在硬件方面支出过多成本，只需通过终端上的浏览器就可以对云端的控制器进行调节，与此同时，用户也可以利用云控制器来计算由控制系统采集并通过控制终端传输至云端的数据，进而获取控制系统参数和调节指令。

CaaS 具有极高的数据存储能力和数据计算能力，因此 CaaS 还可以借助智能学习算法来从数据层面为一些系统模型不确定的控制终端提供服务，如系统维护服务、故障诊断服务、模型预测控制服务、模型优化学习服务和控制系统优化调度决策服务等。

与此同时，CaaS 具有提高控制系统数据的完整性、可靠性以及可管理性的作用，既能够有效优化对控制系统的管控，进一步提升控制系统运行的高效性，也能利用各项系统数据，为一些系统模型确定的控制终端提供控制算法资源池优化服务和控制参数实时自动调节服务，进而有效减轻系统维护人员的工作压力。CaaS 平台可以通过应用程序界面（application program interface，API）整合各类控制服务，利用用户机制为大量控制终端接入提供支撑，并提高系统的定制化服务能力，从而充分满足用户需求。

智能交通信息物理融合云控制系统融合了交通流智能预测、交通大数据云计算和交通流云控制调度等多种先进的技术手段，能够以云控制的方式提升计算机资源集中管控能力，并构建服务于终端用户和交通路网设备的计算资源池，提升系统服务能力，推动智能交通快速发展。

5.1.2　数字孪生技术的应用

数字孪生技术是一种可以根据物理空间中的实体装备的各项相关数据信息，在虚拟空间中完成映射，并在虚拟空间中反映实体装备的全生命周期过程的虚拟仿真技术。数字孪生技术可以以数字化的形式重塑物理世界中的人、事、物，构建出一个与物理世界中的各项要素一一对应的虚拟世界，并推动两个世界在虚实交互中融合，从而达到虚拟世界和物理世界互相促进的目的。数字孪生系统的通用参考架构如图 5-1 所示。

数字孪生技术可以利用信息技术、传感器技术等多种先进的技术手段将物理世界的运行状态全面呈现在虚拟世界当中。具体来说，物理世界中的变化可以通过数字化、网络化的方式体现在虚拟世界中，同样虚拟世界中的变化也可以借助网络化和智能化的方式在物理世界中进行呈现。数字孪生技术可以通过加强物理世界和虚

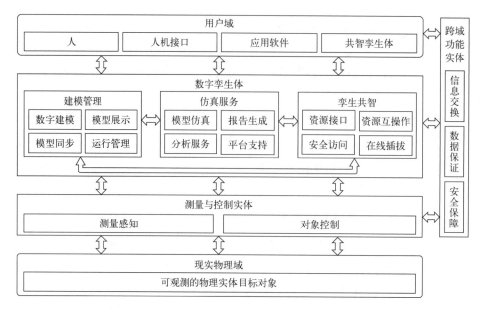

图 5-1　数字孪生系统的通用参考架构

拟世界之间的交互来促进物理世界快速发展，进而提高物理世界运行的高效性和有序性。

数字孪生技术具有实时性、闭环性等特点，目前已被应用于多个领域，并有效推动了各个领域的发展。其中，数字孪生技术在交通领域的应用能够在不同的层面上推动智慧交通快速发展，并优化交通管理和交通控制，从而有效解决停车难、行车难、交通拥堵、公共交通准时性低等问题，为人们的出行提供方便。

（1）车路协同、自动驾驶

数字孪生技术的应用有助于推进车路协同、自动驾驶建设。具体来说，数字孪生技术可以利用高精度地图和交通数据在虚拟世界中构建基于物理世界运行规律的自动驾驶数字孪生模型，并利用该模型生成实时的智能驾驶训练环境，进而实现安全高效的人工智能算法训练。

为了提高自动驾驶汽车的安全性，我国应不断加强对智能自动驾驶虚拟训练系统的研究，并构建智能驾驶虚拟仿真与测试平台，提升智能驾驶水平。目前，人工智能研究中心正在大力推进智能自动驾驶虚拟训练系统研究工作，具体来说，就是利用数字孪生技术在虚拟世界中再现物理世界中真实的交通场景，并借助泛化衍生技术为车辆设置各种复杂、极端的行驶场景，通过将测试场景转移至虚拟世界中的方式来提高测试的安全性和自动驾驶训练的高效性。

总而言之，数字孪生技术可以利用智能驾驶相关数据构建相应的数字孪生模型，并为车辆重现交通情景，进而实现虚拟测试和虚拟训练，为车路协同和自动驾驶的发展提供助力。

（2）交通事故分析

数字孪生技术能够实现真实情景复原和运动轨迹仿真，并在虚拟世界中对事故全过程进行全方位呈现。由此可见，数字孪生技术在交通事故分析方面的应用能够让人们从不同的角度来观察行车画面，从而提高交通事故分析的严谨性、合理性和全面性，快速准确地找出事故发生的根本原因和事件的责任人，达到高效处理交通事故的目的。

（3）交通管控

在智慧交通领域，数字孪生技术可以通过在虚拟世界中模拟、评估和推演物理世界中真实的城市交通情景来实现对交通管控策略的优化完善。具体来说，数字孪生技术在交通管控中的应用主要有以下功能，如图 5-2 所示。

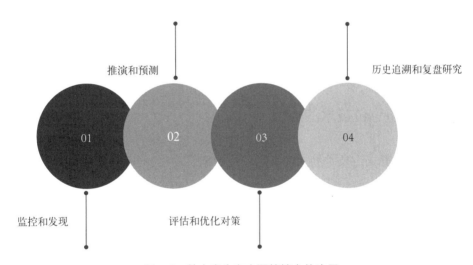

图 5-2　数字孪生在交通管控中的应用

① 监控和发现。数字孪生系统能够全面监控交通情况，精准高效地采集各种交通情景全流程的信息，并及时发现和解决其中存在的问题。以数字孪生技术在高速公路中的应用为例，秋冬季节常出现大雾天气，此时高速公路的部分路段会出现能见度下降的现象，且由于气象预报难度高，因此高速公路上往往会出现一些突发事故，而数字孪生技术能够实时监测高速公路上的各项数据，并及时在出现大雾的路段进行警示，从而有效降低高速公路上的交通事故发生率。

② 推演和预测。在智慧交通建设过程中，可以借助数字孪生技术来实现对各项交通数据的实时采集和高效利用，并利用数字孪生技术在虚拟世界中构建具有同步

可视功能的交通模型，进而实现模型推演和预测，并在数据层面为决策提供强有力的支撑。

③ 评估和优化对策。数字孪生技术可以整合城市交通的全要素数据，并根据这些数据生成精准的城市画像，采集城市交通动态数据，从全局出发对城市交通进行评估和优化，从而充分掌握城市交通情况，以便在最大程度上缓解交通拥堵等问题。

④ 历史追溯和复盘研究。当出现交通事故时，数字孪生系统可以在虚拟世界中对交通事故进行完整再现，并对当时应对事故、解决事故的每一项举措进行深入分析，从而进一步优化交通事故应对方案。

数字孪生技术的应用是智慧交通领域的未来发展趋势，数字孪生系统是智慧交通领域研究的重点内容，但我国现阶段的数字孪生技术在智慧交通领域的应用还不够成熟，数字孪生系统也并未完全实现同步可视、全局管理和虚实互动。随着科学技术的快速发展和应用需求的不断变化，数字孪生技术将会继续为智慧交通赋能，驱动智慧交通快速革新技术应用的思路、理念和途径，并进一步完善技术运行体系。

5.1.3　高精度定位技术的应用

随着车联网等先进技术的快速发展，位置信息的重要性越来越高，构建基于位置信息的智能交通系统已经成为智能交通产业发展的重要方向。就目前来看，由于城市环境的复杂度日益增高，汽车数量飞速上涨，因此智能交通领域对高精度定位服务的需求越来越大，车载导航、碰撞预警、自动驾驶等车路协同相关应用对位置信息的准确性的要求也逐渐升高。

全球卫星导航系统（GNSS）具有导航、定位、测量等多种功能，能够在实现卫星可视的同时为智能汽车提供具有连续性、实时性和高效性的特点的位置信息，从而充分保障车辆行驶过程中的安全性和稳定性，因此全球卫星导航系统也是应用最为广泛的车辆定位技术。

美国的全球定位系统（global positioning system，GPS）和我国的北斗卫星导航系统（beidou navigation satellite system，BDS）是经过全球卫星导航系统国际委员会（international committee on global navigation satellite systems，ICG）认证的卫星导航系统供应商，GPS 的 GNSS 技术已经达到在世界范围内闻名遐迩的程度，我国的 BDS 虽然起步较晚，但也已经被广泛应用于我国的智能交通领域当中。

车辆导航定位系统主要有三种，分别是自主式导航定位系统、非自主式导航定位系统和组合式导航定位系统，如图 5-3 所示。

图 5-3　车辆导航定位系统的三种类型

① 自主式导航定位系统是一种惯性导航系统，能够借助陀螺仪和里程仪等惯性元件来采集目标车辆的位移信息和航向信息，并通过对相关信息的分析计算得出目标车辆的位置。许多自主式导航定位系统在确定目标车辆的位置时会采用航位推测法（dead reckoning，DR），但这种方法存在易受误差累积影响的缺陷。

② 非自主式导航定位系统通常利用 GPS、差分 GPS、格洛纳斯卫星导航系统（global navigation satellite system，GLONASS）等技术来实现对目标车辆的定位。

③ 组合式导航定位系统大致可分为 GPS/DR 组合导航定位系统、GPS/GLONASS 组合导航定位系统和 GPS/INS 组合导航定位系统等几种类型。

GPS 是基于人造地球卫星的高精度无线电导航定位系统，具有高精度、自动化、高效益、全天候、全球覆盖、方便灵活等诸多优势，能够利用 GPS 卫星和 GPS 接收机向全球各地提供三维位置、三维速度等信息和导航、定位、授时等服务，因此 GPS 也是当前最常用的定位方式。

GNSS 定位模块具有定位、导航、监控、测距、计时等多种功能，其中定位和导航功能在智能交通领域发挥着重要作用。具体来说，GNSS 定位模块可以通过定位功能帮助车辆快速判断当前位置，也能利用导航功能为车辆行驶提供指引，与此同时，还能为监控中心提供车辆的实时位置，为车辆运营管理系统的管理和决策提供信息层面的支撑。

（1）实现车辆的定位与导航

车辆若要实现定位和导航功能，就必须在车载导航系统中配备定位地图，同时也要利用 GNSS 模块来计算与每个卫星的伪距离，并使用距离交会法计算出接收机的经度、纬度、高度和时间修正量这四个参数以及航向和运动速度等数据。GNSS模块还可以借助串行通信接口来为接收者提供 NMEA❶ 格式的定位信息和辅助信息，接收者可以根据自身需求进行取用。

（2）为车辆运营管理系统提供位置信息

智能交通系统是一个融合了信息技术、计算机技术、自动控制技术、卫星定位技术等多种先进技术的综合交通运输管理系统，具有交通控制范围大、作用范围广等诸多优势，能够大幅提高交通控制的实时性、准确性和高效性。交通管理部门可以利用卫星定位技术来获取精准的车辆定位信息，提升车辆运营管理水平，从而为客车、校车、公交车、物流车、出租车等多种车辆提供更加优质的综合信息服务。与此同时，基于卫星定位技术的车辆运营管理系统还能够大幅提高交通设施利用率和运输效率，同时降低交通负荷、减少环境污染、规范交通秩序、优化出行方式，并提高交通运输的安全性和出行的有序性。

当前的 GPS 能够精准定位地面上的任意位置，但却难以在室内、隧道和地下车库等较为复杂的环境中充分发挥出自身的定位作用，因此在 GPS 无法定位的隧道和地下通道等复杂场景中可以采用基站定位的方式来确定具体位置，但这种定位方式的精确度并不高。

随着移动网络的飞速发展，我国的 Wi-Fi 热点数量迅速上升，Wi-Fi 定位顺势成为网络时代中广泛应用的定位方式。Wi-Fi 定位能够实现室内位置跟踪，具体来说，每个无线访问接入点（access point，AP）都有全球唯一的 MAC 地址，当设备开启Wi-Fi 时能够扫描和收集周围的 AP 信号并将相关数据传输到位置服务器当中，进而根据 AP 的地理位置和每个信号的强度来计算出设备的位置信息。

除此之外，混合定位方式也能够实现快速精准定位，由于混合定位兼具 GPS、基站定位和 Wi-Fi 定位这三种定位方式的优点，能够在各种不同的场景和环境中快速获取具有较高准确度的位置信息，因此混合定位在智能交通领域有较高的应用价值，也是我国高精度定位领域技术的未来应用趋势。

5.1.4　多传感器融合技术的应用

传统的智能交通系统通常利用全球卫星导航系统（GNSS）、浮动定位系统和视频摄像机、雷达等检测器来实现对车速、车流量、车队长度等道路交通状态的感

---

❶ NMEA：NMEA 是 National Marine Electronics Association 的缩写，是美国国家海洋电子协会的简称，现在是GPS 导航设备统一的 RTCM 标准协议。

知，但随着交通环境的变化速度不断加快，传统的智能交通系统已经难以充分满足自动驾驶汽车在环境信息感知速度、传感器体积、传感器价格等方面的要求。因此，若要打造具有全感知、非接触特点的智能交通系统，实现安全可靠的自动驾驶，就必须加快构建以多传感器融合感知为核心应用的技术体系。

现阶段，我国主要借助激光雷达、毫米波雷达等设备和视频感知等技术手段来提升智能交通系统的感知能力。

5.1.4.1　激光雷达

激光雷达是一种通过发射激光的方式来探测目标的距离、方位、高度和速度等特征量的主动传感器设备。与其他传感器相比，激光雷达具有探测距离远、探测精度高、适应能力强以及受外界影响小等诸多优势，能够更加精准高效地采集运动速度、空间距离、相对位移等数据，进而大幅提升道路的感知能力。

目前，在我国高速公路和交叉路口中都安装了融合 V2X 的激光雷达设备，以便道路借助激光雷达和其他路侧感知设备来高效感知经过道路的行人和车辆，精准采集路口的数据信息，实时监控道路上的交通违规事件并快速发出预警信息，从而达到大幅减少交通事故和机动车套牌、假牌等违法行为的目的。

激光雷达在智能交通领域的应用具有许多优势，但也存在分辨率低、扫描速度慢、受外界因素影响大、使用年限短等不足之处。

（1）分辨率方面

由于激光雷达的测量点具有散乱无序、几何分布特征模糊等特点，因此道路中安装的激光雷达难以精准感知距离远、体积小的目标，对于裂痕、路基、抛洒物、小立杆、小坑洼、标志标线、路面塌方等路面状态和风、霜、雨、雪、雾等天气状态也无法做到精准识别，不仅如此，当出现恶劣天气时，天气状态也会对正常车辆监测情况造成干扰。

（2）扫描速度

由于激光雷达的扫描速度远远低于道路上的车辆处于高速运动时的速度，因此激光雷达扫描出的图像可能会存在变形扭曲的问题。

（3）应对外界干扰方面

由于激光雷达的防护罩通常位于室外露天环境当中，灰尘和水渍会对激光的传播造成遮挡，因此激光雷达无法实现原有的探测距离和精度，进而影响激光雷达的应用效果。

（4）使用年限方面

道路中装配的激光雷达设备的旋转电机具有室外运行和全天候工作的特点，恶劣的环境条件和高负荷的工作时间使得激光雷达的使用年限大幅缩短。

5.1.4.2   毫米波雷达

毫米波雷达是一种根据收发电磁波的时间差来计算目标位置距离的传感器设备。毫米波雷达传感器显示出高度集成、探测距离远、探测精度高和抗天气因素干扰能力强等优越性能，逐渐发展出汽车雷达、交通场景雷达和智能检测雷达等多种车路协同相关应用，并广泛应用于各个智能车路协同场景当中，以向道路管理和车端决策等环节提供实时的场景信息的方式为车路协同提供支撑。

与激光雷达类似的是，毫米波雷达也存在分辨率低的缺陷，无法精准感知距离远、体积小的目标，也无法精准识别裂痕、路基、抛洒物、小立杆、小坑洼、标志标线、路面塌方等路面状态和风、霜、雨、雪、雾等天气状态。

除此之外，毫米波雷达在进行目标感知的过程中还会受到背景因素的影响，无法精准分辨前后贴近的物体，因此部分厂家利用新的算法来更改毫米波雷达的感知和识别机制，让毫米波雷达设备只对处于运动状态的目标进行感知和识别，但这种方式无法精准感知和识别静态的车辆和目标物体。

5.1.4.3   视频感知

视频摄像机是视频感知技术在智能交通领域中的一种具体应用形式，也是一种被广泛应用于智能交通系统中的感知设备。视频摄像机能够利用各种计算机视觉算法采集具有高分辨率、高像素、色彩丰富、动态范围大等特点的道路视频画面，从而实现对道路的精准感知。近年来，视频摄像机在自动驾驶汽车领域的应用日渐广泛，并与越来越先进的视觉处理技术相结合，实现对视频信息的高效利用，以便获取更多有效信息，为精准识别道路中的标识和行人等更加细小的目标提供支撑。

但视频感知技术无法有效应对外部环境出现明暗变化时带来的干扰，因此当外部环境的亮度较低时，视频摄像机的识别效果也会大打折扣。

除此之外，视频感知技术在定位的精准度方面也存在缺陷，因为视频摄像机通常需要安装在高处以俯视的角度进行拍摄，所以目标与视频摄像机之间的距离会造成视差，导致定位的误差也随着二者之间距离的加大而增加。

实测数据显示：当目标与视频摄像机之间的距离低于100m时，定位误差通常在1m甚至0.5m以下；当目标与视频摄像机之间的距离增大至150m时，定位误差也会增加到1.5m左右。

除激光雷达、毫米波雷达和视频感知外，超声波、微波、单车感知等技术也能够实现道路感知。

超声波存在分辨率低、感知距离小等劣势，因此只能在近距离感知领域发挥作用。

微波的分辨率也不足以支撑其实现对远距离和小目标的精准感知，因此微波也只能用于近距离感知。

单车感知不仅可以利用激光雷达、视频感知等多种手段感知道路状态，还可以让汽车和汽车之间以车 - 车通信和车 - 云通信的方式进行信息共享，因此当车辆将各类传感器装配齐全时，就可以实现道路全域感知。但这种方式的普适性极低，只适用于智慧矿山、智慧园区和智慧码头等特殊场景。目前我国有许多科研院所开始研究基于单车感知和 V2X 的多传感器融合技术，试图通过多传感器融合技术的应用实现道路全域感知。

总而言之，精准的道路感知是推动智慧公路建设和实现道路全域数字化的基础，也是促进车路协同快速发展的重要驱动力。现阶段，传统的传感器已经无法充分满足道路精准感知的要求，而融合了多种传感器的新型传感器设备能够以最合理的方式对来自各个不同的传感器的数据进行协调，进而大幅提高数据信息的综合利用率和利用效率，最大限度发挥出各个传感器的应用效果。

5.2 道路交通交叉路口应用

5.2.1 面向机动车的服务场景

近年来，智能交通技术和车联网飞速发展，车路协同技术（V2X）也迎来了进一步发展的时机，同时 5G、大数据、云计算和移动互联网等新兴技术的应用也在技术层面为汽车和交通领域实现高精度定位、精细化信息服务和新一代传感网络构建提供支持。

就目前来看，在全球范围内已经有许多国家构建起了车路协同的体系框架，且定义了许多应用场景，积极开展相关试验和应用活动，但当前车路协同的发展还在研究和试验阶段，为了进一步扩大车路协同技术的应用范围，各国的汽车和交通行业还需进一步推动车路协同技术快速发展。

V2X 中融合了无线通信和车联网等多种先进技术，能够为车辆与车辆、车辆与道路以及车辆与行人之间的动态实时信息交互提供强有力的支持，提高人、车、路三者之间的协同性，实现对车辆和道路的协同管理，进而达到确保道路交通的安全性和高效性的目的。

下面我们首先分析车路协同技术在机动车运行中的服务场景，如图 5-4 所示。

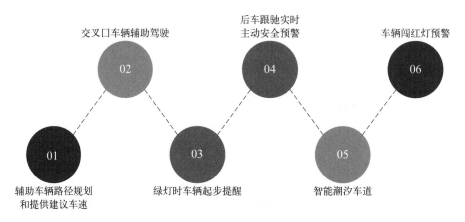

图 5-4　基于车路协同的机动车运行场景

（1）辅助车辆路径规划和提供建议车速

车路协同系统可以利用信号机和路侧设施获取并实时向自动驾驶汽车传输信号灯状态、信号灯剩余时间、可变车道信息、车辆限行信息、禁行信息、交通事故情况以及车道级的道路交通流量和排队长度等各类相关信息，并根据自动驾驶汽车的位置、状态以及途经路段和交叉口的信息进行路径规划，从而为自动驾驶汽车提供最佳行驶路径和行车速度建议，达到缩短通行时间和提高通行效率的效果。

例如，公交车车路协同应用可以借助智能网联车路协同公共服务平台来降低通信时延，获取交通网联数据，实现终端 - 边缘 - 区域 - 中心多级分布式 V2X 计算，并在此基础上提高公交车运行的安全性和高效性。不仅如此，公交车还可以借助绿波车速智能引导来降低出现延误和停车等问题的频率，提高运行效率，并减少能源浪费和污染物排放。

公交车车路协同可以支持公交车在使用原有的交通信号控制方案的情况下接收来源于路侧设备的信号灯状态信息，并在此基础上充分利用当前的车辆位置、行车速度、信号相位剩余时间等相关信息，通过平台端、边、云的协同作用计算出建议行驶速度，进而确保在进站停靠的过程中不对道路上的其他车辆造成干扰，快速完成上下客和"绿波"启动任务，并安全通过道路交叉口。

对一些特殊车辆来说,可以在通过道路交叉口时利用 V2I 来与交通信号灯进行信息交互,并以当前的交通流状况和车辆通行优先级为依据对交通信号灯进行动态调整,也可以借助 V2I 来向道路上的其他车辆传递让路提醒信息,以便及时空出行车所需车道,最大限度提高特种车辆的通过效率,缩短通过时间。

车路协同系统所提供的信息服务和安全服务主要面向消费者车辆终端,能够确保车辆行驶的安全性和高效性;交通效率提升类服务主要面向城市交通管理部门,能够提高道路交通的安全性和车辆的通过效率;协同服务主要面向大型物流运输企业,能够为其实现有效的车辆编队行驶提供支持。

现阶段,大多数车路协同项目中的信号机都仅作为车路协同信号控制的信号源和车辆的读取场景来使用。但除此之外,信号机还具备感知、网络通信和数据交换等多种功能,能够通过对当前功能的升级来满足车路协同处于各个发展阶段时的应用场景测试需求,进而为车路协同的发展提供助力。

(2)交叉口车辆辅助驾驶

未安装信号灯的道路交叉口大多存在视觉盲区,因此车辆在通过该交叉口时无法感知到来自其他方向的车辆,需要借助车辆与车辆以及车辆与道路之间的信息通信来获取对方的位置和车速,并据此规划行驶路线,设置行车速度,从而避免在通过该交叉口的过程中出现交通事故。

(3)绿灯时车辆起步提醒

自动驾驶汽车在等待通过道路交叉口时可以借助 V2X 来获取前车的相关信息,并利用这些信息来判断前车的启动和停止情况,同时据此计算出安全车距,以便在确保自身安全起步的前提下快速通过道路交叉口。对交通管理部门来说,这大幅提高了道路交叉口的车辆通行效率和信号周期内道路交叉口的车辆通过数量。

(4)后车跟驰实时主动安全预警

自动驾驶汽车行驶在道路上时可以利用车载感知设备实时采集周边信息,并利用采集到的信息建立感知对象列表,以便在自身与前车之间的车距低于安全车距时及时发出碰撞预警信号,并在此基础上分析前后车的状态信息,迅速采取相应的驾驶策略行为,防止出现追尾等安全问题。

(5)智能潮汐车道

在道路双向交通流量失衡时,潮汐车道能够发挥自身的调节作用,有效缓解道路拥堵问题,提高道路交通运行效率。就目前来看,人工控制和定时控制是大多数交通场景中所采用的交通流量控制方式,但这两种方式均存在交通环境适应性不足的问题，潮汐车道也存在切换方向时缺乏科学合理的清空时间设置的缺陷。

车路协同技术的应用能够支持潮汐车道通过车辆与车辆以及车辆与道路之间的信息交互来全面采集和融合各项相关动态交通信息，并在掌握交通流状态演化规律的基础上进一步精准挖掘有效的交通流控制方法，进而在理论层面支持潮汐车道实现对交通流的智能控制。

（6）车辆闯红灯预警

自动驾驶汽车在通过道路交叉口时可以借助车路协同系统实时获取信号灯状态和信号灯剩余时间等动态信息，并根据这些信息来确定行车速度和行车路线。就目前来看，车路协同在道路交叉口的测试场景主要涉及主动安全和驾驶辅助两项内容。

5.2.2　交通信号灯控制与优化

随着车路协同技术的快速发展和广泛应用，与之相对应的交通控制理论和交通控制技术也开始逐渐发展和完善。就目前来看，车路协同技术的应用能够获取和提供全时空动态交通信息，并利用这些信息来提高交通控制的灵活性、有效性和精细化程度，同时也能推动交通信号控制技术快速发展。

一般来说，自动驾驶汽车的信号灯状态识别精度会受到交叉口信号灯样式、光照、遮挡等因素的影响。车路协同系统可以利用 V2I 设备支持自动驾驶汽车与信号机进行信息通信。为了实现对信号灯状态的精准识别，车路协同系统要通过信号机向自动驾驶汽车传输信号灯状态信息，并以此取代视频识别信号灯状态。

车路协同能够解决大部分前向信号灯识别困难问题，并在一定程度上降低车载系统的数据计算压力，提高道路交叉口处的通行效率，增强车辆行驶到道路交叉口时的安全性。

车路协同系统可以充分利用自动驾驶汽车和路侧检测设备的感知功能，实时精准感知道路中的人、车、路等各项相关信息，与此同时，还可以充分发挥行人过街需求响应和信号控制算法的作用，控制行人信号灯自动在没有行人经过主干道时自动转为红灯长亮状态，并将该信号灯的绿灯时间转移给主干道的信号灯。

除此之外，车路协同系统还可以根据视频数据识别出所有过街行人中的特殊人群，并在发现可能会耽误行人通行的特殊行人时以语音提示的方式向路人发出提醒，帮助过街人群及时注意到该特殊行人，同时也在一定程度上确保了视觉障碍人群等特殊人群在通过道路交叉口时的安全性。

（1）融合自动驾驶数据的信号配时优化

在未来五到十年的时间内，自动驾驶汽车将飞速发展，并在道路中落地应用，处于各个级别的自动驾驶汽车和人工驾驶汽车将共同运行在道路当中。车路协同系统可以获取自动驾驶汽车的轨迹数据和来源于路侧感知设备的车辆信息，并在此基础上根据交通波理论（traffic wave theory）重新构建整个道路交叉口的车辆轨迹，以新的轨迹为依据来获取排队长度、车辆限行、汇入车辆干扰、空放和协调流向错误等实时交通状态信息，同时对这些信息进行分析，找出影响交通的原因，并据此对交通控制方案和车辆驾驶方案进行调整和完善。

（2）车路协同成熟状态下的信号优化控制

在车路协同技术框架体系中，自动驾驶汽车可以利用 V2X 向路侧设备和云控平台实时传输自身的行车速度、具体位置和加速度等数据信息，并接收来自云端的指令信息，根据该指令来运动，实现车端与云端的信息交互，同时也进一步提高控制策略的精细化程度，优化道路交叉口的信号控制方案。

车路协同系统可以借助自动驾驶汽车和路侧设备来识别通过道路交叉口的车辆，并利用路侧设备将识别到的信息传输到交通信号机当中，借助信号机来从不同维度分析道路交叉口的各个进口道即将到达的车辆，根据分析结果来确定交通信号配时方案，同时采用动态规划等方式据此优化自动驾驶汽车的运行轨迹，完善已有的信号配时方案。一般来说，这种方案主要在自动驾驶汽车渗透率较高的应用场景中发挥作用，且方案的应用效果与自动驾驶汽车的渗透率之间存在正比关系。

5.2.3　交通安全主动防控应用

近年来，我国的城市化速度不断加快，交通在城市发展以及人和货车流动的过程中所发挥的作用越来越大。就目前来看，当前的交通系统已经无法充分满足日渐复杂的交通需求，交通事故、交通拥堵、交通污染等问题均亟待解决。汽车和交通领域的相关学者和专家需要进一步加大对车路协同系统等相关内容的研究力度，积极解决各项城市交通问题。

车路协同系统中融合了全时空动态交通信息采集和融合技术，能够支持车与车（V2V）、车与路（V2I）进行实时信息交互，并在此基础上对道路进行协同管理，同时支持车辆实现主动安全控制，进而达到有效解决各类城市交通问题和公路交通问题的目的。

现阶段，汽车和交通领域的各项相关技术逐渐趋向融合，交通信息采集呈现出全时空和动态化的特点，车辆可以通过 V2V、V2I 等方式来进行通信，确保控制中心可以实时接收来源于车辆的各项运行信息，车辆可以接收来源于控制中心、信号灯和其他车辆的各项信息。在车路协同的情况下，公路交通安全主动防控应用主要涉及事故紧急避撞、基于协同信息的集群诱导、协同专用车道、交通运行状态感知和交叉口智能控制等内容。

（1）事故紧急避撞

道路行驶安全与人们的生命财产安全息息相关，为了保障人们的生命财产安全，汽车和交通行业需要充分发挥车路协同中的车-车通信系统的作用，广泛采集并向车辆和驾驶员传输周边车辆的数量、车速和方位等信息，同时根据实际情况采取速度建议、停车警告、自动紧急停车、自动紧急减速等手段来避撞，防止出现交通事故。

一般来说，紧急避撞系统大多应用在弯道车速预警、电子紧急制动灯、前撞及禁行预警、盲点及违反安全指示标志警告等场景当中，能够有效防止车辆与行人和障碍物相撞等交通安全问题，充分确保车辆和行人的安全。

具体来说，避撞系统结构示意图如图 5-5 所示。

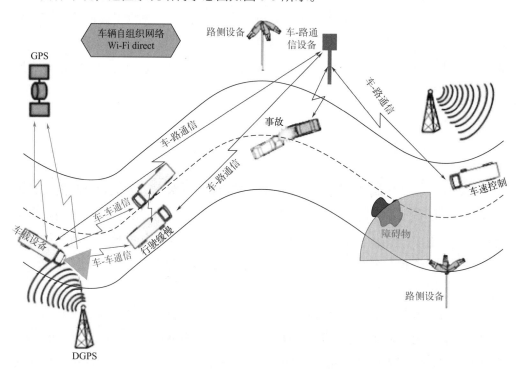

图 5-5　避撞系统结构示意

（2）基于协同信息的集群诱导

交通诱导是一种具有道路资源分配作用的主动式交通控制方式，能够在一定程度上确保交通系统的畅通性。从作用原理上来看，处于车路协同环境中的控制中心可以通过对来源于路网的各项车辆通行信息的分析和处理来进一步掌握道路的实际状况，并据此生成相应的路径选择建议发送给各个车辆，从而以集群诱导的方式为车辆群提供指导，实现对路网最大限度的优化，以便车辆根据实时的道路信息来应对各项突发事件，提高车辆在面对各项突发性的交通事件时的响应速度。

具体来说，交通安全风险实时感知示意图如图5-6所示。

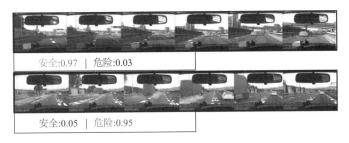

图5-6 交通安全风险实时感知示意

（3）协同专用车道

车路连接基础设施（connected vehicle infrastructure，CVI）可以在车路协同环境中利用V2V技术来组建车辆簇，并在此基础上对由多个符合相应的行驶条件的车辆构成的车辆簇的运行状态进行分析和研究，从而提高车辆行驶的效率和安全性。

从作用原理上来看，CVI会将处于服务范围内的车辆当作流动网络节点来进行智能组合，并为处于同一车辆簇中的车辆提供专用车道，同时在此基础上降低车辆传感器更新成本、拓扑改变成本等车辆进入网络中心时的成本支出和在基础设施方面的成本支持，提高车辆通行的效率和安全性。

具体来说，自动驾驶专用车道示意图如图5-7所示。

（4）交通运行状态感知

车路协同有效加强了车辆与道路之间的联系，车辆可以通过路侧设备来获取各项交通和道路信息，并利用这些信息来提高交通数据的质量和数量。一般来说，车路协同通常会借助探测车辆来获取道路状况相关信息，并对定时信息和事件信息进行存储。其中，定时信息的采集存在时间间隔，且速度越快，时间间隔越长；事件

图 5-7　自动驾驶专用车道示意

信息是一种特定事件相关信息。车路协同可以根据来源于探测车辆的行驶信息实现对延误情况、平均停车次数、交叉口排队长度和路段平均行程时间等情况的判断，并据此衡量道路拥堵程度，及时针对交通运行状态主动调整驾驶行为和车辆操作，进而达到从源头上防范并规避交通事故的目的，充分确保道路交通的安全性。

（5）交叉口智能控制

在车路协同环境中，车辆和道路可以借助 V2V、V2I 等方式进行信息交互，位于道路交叉口处的信号机也可以借助车辆的位置和速度等数据信息找出信号灯灯色显示的控制方法。就目前来看，汽车和交通领域已经开展了多项关于公交车和紧急车辆在车路协同环境中的信号优先控制的研究。具体来说，公交车或紧急车辆即将行驶到交叉口处时可以综合分析和利用自身的实时行驶信息、前后方车辆的运行状态信息和等待状态信息，并根据分析结果判断车辆能否优先通行；不仅如此，车辆还可以接收来源于信号机的建议行驶速度，进而降低停车频率，减少停车总时长、能源消耗和污染物排放量，提高安全性和通行效率。

具体来说，交叉口智能控制示意图如图 5-8 所示。

5.3　交通干线绿波协调控制

5.3.1　传统绿波的车速引导方法

交通干线绿波是一种交通控制模式，常用于城市交通控制当中，也可叫作"交通干线绿波协调控制"，能够联动控制干线中相邻的各个路口，提高干线整体交通

图 5-8　交叉口智能控制示意

效率，进而最大限度发挥出城市干线的交通承载能力。

具体来说，交通干线绿波协调控制能够有效优化驾驶员的车辆驾驶体验，提高目的地到达时间预测的精准度和出行的准时性；与此同时，也能够降低车辆的起停频率，达到减少能源消耗和碳排放量的效果，从而实现对城市环境的优化和对城市整体形象的美化。

5.3.1.1　交通干线绿波概念

（1）绿波

绿波也叫作"绿波带"或"绿波协调控制"，能够统一协调并联动控制整条交通干线中位于相邻的交叉路口上的信号灯，协调和控制相邻路口的绿灯的启亮时间差和终止时间差，并在此基础上实现对干线交通流的车速的有效控制，让车辆能够在绿灯时到达路口并直接通行，或在一定程度上减少车辆在等待红灯时所花费的时间。

（2）绿波带宽

绿波带宽指的是在应用了绿波的交通干线中，各个交叉口协调方向可连续绿灯通行的总时长，能够反映出干线绿波协调控制的效果。

（3）绿波带速

绿波带速也叫作"绿波带系统速度"，与道路几何、道路限速、交通流量和平均运行车速等因素相关，能够直接反映出干线绿波协调控制中的各个交叉口之间协调方向的设计通行速度，汽车和交通领域的相关工作人员也可以通过优化绿波带速设计的方式来获得更好的绿波协调效果。绿波协调控制时距如图 5-9 所示。

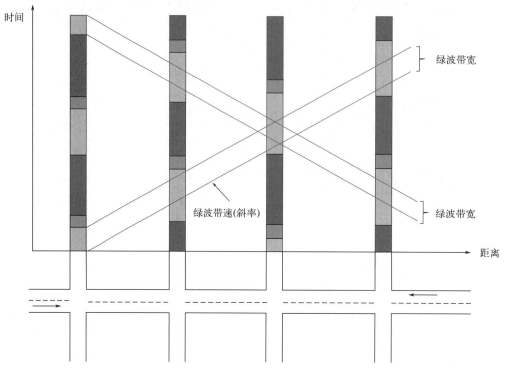

图 5-9   绿波协调控制时距

5.3.1.2   绿波速度的实现原理

绿波速度的实现原理主要包括以下几项。

① 红绿灯的周期和配时。周期就是红灯和绿灯的交替时长，配时就是各个相位上的红灯和绿灯的持续时长。一般来说，绿波速度要合理调控红绿灯的周期和配时，以便车辆在相邻路口的信号灯由红转绿时能够保持相对稳定。

② 车辆行驶速度控制。行驶速度与红绿灯的周期和配时相协调的车辆通常能够在信号灯为绿灯时到达并直接通过路口，从而实现绿波通行。

③ 交通流量预测和调整。绿波速度需要利用车辆占有率、车辆排队时长等各项相关数据信息来完成交通流量预测，并通过合理调整红绿灯周期和配时的方式实现对交通流量的有效调控。

各项绿波速度实现原理之间互相协调，能够有效缩短车辆的排队等待时间，让车辆在经过路口时实现高效通行，进而实现对交通状况的优化。

1917 年，美国搭建起一个连接了 6 个交叉路口的手动互联信号灯系统，并利用该系统来处理基础的干线协调控制和区域协调控制工作，因此该系统也可以看作绿波协调控制的基础。就目前来看，绿波协调控制理论研究可以按照优化目标划分成降低干线整体的车辆延误的绿波协调控制研究和增加干线整体的通行带宽的绿波协调控制研究两种类型。

近年来，世界各国对城市干线协调控制的研究逐渐深入，各项相关研究成果的应用也越来越广泛，并表现出了良好的应用效果。

美国、日本以及部分欧洲国家已经将绿波协调控制应用到各个主要城市当中。具体来说，德国通过将自适应绿波协调控制系统应用到德累斯顿市的市中心的方式优化了干线道路的交通状况，同时也注意到了人行横道等因素对交通造成的影响，借助绿波协调控制系统大幅缩短了车辆行驶时间和行人路口等待时间，提高了道路通行效率。

我国已经将干线绿波协调控制应用到北京、上海、珠海、温州、长沙等多个城市当中，其中，双向绿波协调控制在长沙的潇湘大道中的应用大幅提高了该路段的通行效率和区间车速，有效缩短了行程时间。

5.3.2　基于车路协同的绿波车速引导方法

现阶段，绿波协调控制实践大多使用固定绿波带速设计，能够综合运用干线整体道路条件和交通流状态等相关信息来对绿波带速进行设计，并在此基础上对各个交叉口的相位差进行优化，以便利用路侧固定标志牌、动态电子屏等工具来输出绿波设计速度数据，帮助驾驶员按照科学合理的速度驾驶汽车。

但传统绿波的车速引导方法也存在以下几项不足之处。

① 车辆在干线中的各个交叉口处所需的运行速度会受到限速、流量和道路条件等因素的影响，且车辆难以在不同的路段当中维持相同的速度行驶。不仅如此，在绿波带速相同的情况下，车辆的实际通行绿波带宽还会低于设计绿波带宽。

② 干线绿波带设计未能充分考虑车流到达的随机性和离散性，难以确保固定的绿波带速和绿波带宽能够适应各个时段和区段的交通流变化，不利于充分发挥绿波带的通行效能。

③ 受绿波带宽的限制，固定的绿波带速并不适用于在信号灯的绿灯亮起时到达交叉口的所有车辆。具体来说，在绿灯即将转变为红灯时到达交叉口的车辆若继续按照绿波带速行驶则有可能会错过下游路口的绿灯，从而出现等红的时长增加的

情况；从非协调方向进入协调干线的车辆若继续按照绿波带速行驶，则可能会在下游路口的信号灯即将由绿转红时到达，从而出现停车次数增加和停车时间变长的问题。

随着智能网联汽车产业和车路协同技术的快速发展，传统交通获得了更多优化升级的机会和助力。具体来说，V2X 在汽车和交通领域的应用能够通过集成并共享广域的信息和资源的方式促进智能交通应用的升级和创新发展，推动智能交通相关技术进一步发展和革新。

绿波车速引导（green light optimal speed advisory，GLOSA）中融合了车路协同技术，能够预先利用实时相位状态信息、实时车辆状态信息以及流量、排队、道路限速等辅助信息和相关优化指标计算出最佳引导车速，并将计算结果传输给车辆驾驶员，以便车辆驾驶员按照该速度来驾驶汽车，从而让车辆能够以更加经济、舒适和迅速的方式通过道路交叉口。

一般来说，GLOSA 主要包括单段车速引导和多段车速引导两种类型。其中，单段车速引导指的是车辆可以以最快的车速离开下游最近道路交叉口的最优车速引导区间，多段车速引导指的是针对车辆行驶路径的下游连续道路交叉口的最优车速引导区间。

《合作式智能运输系统 车用通信系统应用层及应用数据交互标准》明确指出，GLOSA 功能的实现需要车辆与道路进行数据交互，且具备车载单元（OBU）的智能网联汽车需要接收并处理各项路侧数据，位于路侧交叉口的路侧单元（RSU）也需要利用信号机与车辆进行实时的信息交互，同时采集并向周边车辆传输信号灯状态数据信息。

行驶到道路交叉口处的智能网联汽车可以通过网络实时接收来源于路侧单元的道路数据和信号灯状态数据，并利用车载单元对这些数据进行处理，计算出最佳建议车速。

GLOSA 能够充分发挥车速引导功能，弥补传统固定绿波带速引导中存在的各项问题，实现对车辆行驶速度的有效引导。

GLOSA 可以充分发挥车路协同技术的作用，支持智能网联汽车与路侧单元进行实时的数据交互，以便及时掌握路口信号状态信息，同时也可以在此基础上综合运用车辆位置、车辆速度等车辆实时状态信息，明确各个路段区间的最佳绿波引导车速，进而达到打破固定绿波带速限制的目的。不仅如此，GLOSA 还可以在车辆的运行状态或到达状态出现变化时针对实际情况实时对绿波引导车速进行调控，确保驾驶员在驾驶汽车通过干线中的各个道路交叉口时的舒适性和快捷性，同时强化整个干线在绿波协调方面的整体效能，并实现干线绿波的通行带宽的动态优化。

除此之外，GLOSA 还可以在没有进行绿波协调部署的城市干线和单点路口对各项相关数据进行动态计算，并根据计算结果生成当前的最佳车速引导区间，为驾驶员控制车辆行驶速度提供指导，进而减少车辆行驶过程中遇到的红灯的数量，缩短车辆在各个路口的红灯等待时长。一般来说，位于没有进行绿波协调部署的干线当中的各个路口在周期方面也并不具备统一的标准，因此 GLOSA 在这一环境中所优化的通行效能也相对较低。

近年来，智能感知技术和边缘计算技术快速发展，各类网联化应用的应用范围越来越广，并逐渐进入交通领域当中，为传统交通赋能。就目前来看，许多干线中都装配有边缘计算单元、路侧单元和智能信号机等多种设备，能够利用这些设备从控制层和协调层进行科学合理的绿波车速引导，并达到增强绿波协调控制效果的目的。具体来说，实时绿波优化控制和动态引导示意图如图 5-10 所示。

在控制层中，干线中的各个协调路口可以通过感知设备来获取进出口的交通态势信息，掌握并处理各个进出口的车流量、排队长度、平均速度和空间占有率等相关数据；同时将数据处理结果实时传输到中心控制平台当中，以便中心控制平台充分了解干线上下游交叉口的交通态势，并据此优化、完善和下发当前的绿波协调方案，进一步提高绿信比、相位差和绿波带速等相关参数的科学性和合理性，进而达到升级绿波协调效果的目的。

在协调层中，干线中的各个协调路口可以利用 RSU 来获取经过优化的控制方案信息和实时信号状态信息，精准采集各项交通态势信息，并将这些信息传输到云端，以便云端将这些信息以及车辆状态信息和行驶路径信息等进行整合，从而计算出下游路口的最佳车速引导区间以及整体最优绿波引导车速，降低车辆在干线中行驶时遇到红灯的概率，进而提高干线绿波协调的通行效率。

5.3.3　智慧车列优先绿波车速引导

智慧车列可以利用车列交通信号优先子系统来实现车列优先，同时也可以充分发挥大数据、云计算、人工智能和深度学习等先进技术的作用，全面提升自身的通行效率。

（1）智慧车列被动优先绿波（数据导入／系统对接）

智慧车列被动优先绿波可以按照信号协同方式分成两大类：一类是数据导入，另一类是系统对接。具体来说，智慧车列被动优先绿波方案能够以被动优先绿波控制的方式来支持智慧车列优先通行，从而达到提高智慧车列和城市干道的通行效率

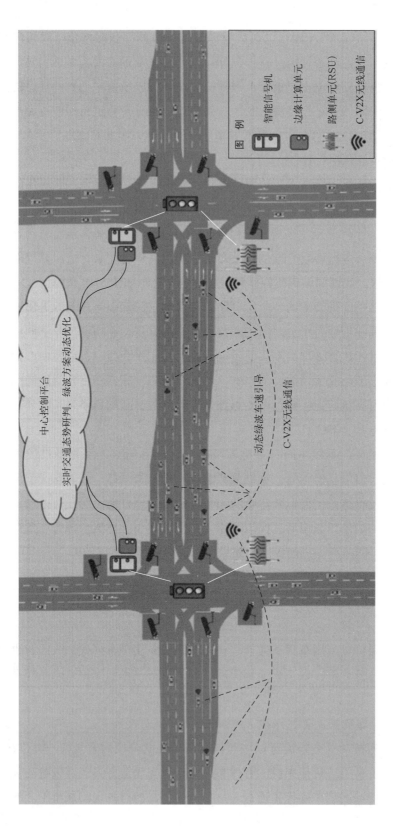

图 5-10 实时绿波优化控制和动态引导示意图

的目的。与此同时，该方案在落地应用过程中还能够减少工程改造方面的工作量，充分发挥绿波技术的作用。

智慧车列被动优先绿波方案的应用场景主要涉及双向 6 车道或更多车道的城市主干道和次干道。一般来说，该方案在道路智能化水平方面并没有过高的要求，因此应用难度较低，可以先确定出一条优先道，为智慧车列优先通行提供方便。

智慧车列被动优先绿波方案落地应用并发挥作用的关键是被动优先绿波控制。从业务逻辑上来看，智慧车列被动优先绿波方案可以借助数据导入或系统对接的方式来掌握绿波配时方案信息，并利用这些信息来完成绿波车速引导、编组调度等相关工作任务，以便在充分掌握乘客服务系统和调度系统订单的基础上参考发车时刻进行运行，进而达到被动优先绿波通行的效果。

不仅如此，该方案系统和相关产品的应用还能够为信号灯、控制机、交通诱导系统、流量检测相机和智慧行人警示装置等设备提供支持，且不需要在路侧设备改造方面花费过多时间和精力，只要在原信号控制系统中采取绿波方案即可达到智慧车列优先的目的。

（2）智慧车列主动优先绿波（车路协同）

智慧车列主动优先绿波（车路协同）方案融合了大数据、云计算、人工智能和车路协同等多种先进技术，能够在城市交通廊道和城市主干道中发挥重要作用，支持智慧车列交通系统实现人、车、路、云四项要素的一体化协同。一般来说，双向 6 车道或更多车道的道路是其落地应用的主要场景。

与传统被动优先绿波方案应用场景相比，融合了车路协同技术的智慧车列主动优先绿波方案既能够利用车路协同技术和路侧智能感知设备来获取道路建设、智能化设备设施和智慧车列运营需求等相关信息，也能够提高交通道路在智能化、数字化和信息化方面的水平。

具体来说，该系统在落地应用的过程中可以先确定出一条智慧车列优先道或智慧车列专用道，赋予智慧车列较为充足的道路优先通行权，同时利用引流线和颜色等对该车道进行精细化改造，提高该车道的特殊性和突出性。

在该方案的作用下，智慧车列车辆和路侧单元可以借助路侧车路协同和智能感知设备来进行信息交互，并充分发挥车路协同设备边缘计算算力的作用。在充分掌握并实时分析智慧车列的实时位置、车速以及交通信号等信息的基础上，实现智慧车列优先控制决策，同时向信号控制系统传送决策结果，以便控制系统据此完成各项相关控制任务。

绿波控制是实现交通干线主动优先绿波控制的基础。系统在发现车列不能完整通过路口时会利用优先控制决策来对各项相关参数进行调整，控制信号灯延长绿灯时长或红灯早断，提高智慧车列的绿灯优先通行概率，并通过相位补偿调整的方式来确保绿波协调的有效性。智慧车列绿波带示意图和主动优先绿波控制示意图分别如图 5-11、图 5-12 所示。

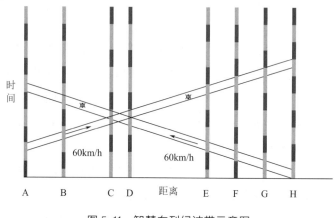

图 5-11 智慧车列绿波带示意图

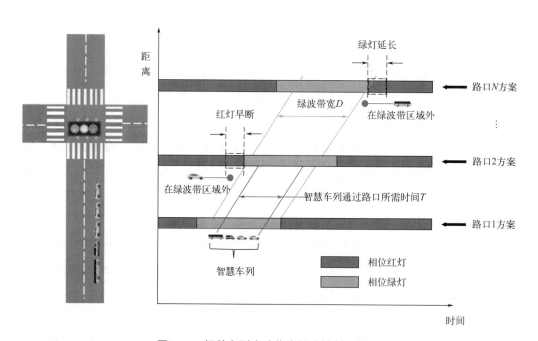

图 5-12 智慧车列主动优先绿波控制示意图

基于车路协同的智慧车列交通系统可以为 RSU、OBU、信号灯、信号机、边缘计算设备、交通诱导系统、流量检测相机和智慧行人警示装置等设备提供支持。

智慧车列交通系统中的车列交通信号优先子系统具有控制作用，能够利用绿波控制技术进行多线路、多时段的被动优先绿波控制，并确保控制的精细化程度，有效支持车列实现优先通行和高效出行。与此同时，提高道路的智能化水平和建立城市交通出行主廊道等操作也能够大幅提高城市交通的畅通性和交通出行的高效性。

5.4　交通流密度估计

5.4.1　交通流密度的常规检测技术

近年来，社会经济飞速发展，汽车保有量迅速上升，同时交通拥堵问题也日渐突出，逐渐成为交通管理当中不可忽视的一项难题。交通流密度能够在一定程度上反映出道路交通服务水平，也是用于衡量交通流状态的一项重要参数。

在交通工程中，交通流量等参数常用于衡量交通流状态，但道路在结构上各不相同，因此仅凭交通流量等参数无法实现对交通流实际状态的全方位描述。具体来说，约等于零的交通流量指道路上车辆极少的交通状态或交通拥堵严重到车辆无法移动的交通状态。

交通流密度可用于衡量道路的拥挤程度，在数据层面为交通管理人员及时采取科学、合理、有效的管控措施提供支持，同时也能够为交通调控和化解交通拥堵问题提供理论依据。

交通流理论融合了运筹学、动力学、概率论、流体力学等多个学科的知识和计算机技术等先进的技术手段，能够对各类交通现象和交通规律进行描述，是研究交通问题时不可或缺的理论基础。具体来说，定量描述交通流主要具备以下三项特征。

- 交通流流量：主要用于描述单位时间内通过某一道路截面的车辆的数量。
- 交通流速度：主要用于描述交通流的流动速度。
- 交通流密度：主要用于描述某一时刻单位长度的单车道内的车辆的数量。

以上三项参数之间关系密切，如交通流流量可通过交通流速度和交通流密度相乘获得。就目前来看，道路交通存在交通现象复杂多样的特点，交通管理人员需要采集和分析大量实际交通现象信息，并利用这些信息构建相应的交通流模型，以便对各类交通现象和机理进行描述，实现更加智能、更加完善的交通管理。

在众多交通流模型研究相关理论成果中，交通流流量和交通流速度两项参数的关注度较高，交通流密度的相关研究还需进一步深入，因此相关研究人员还需不断对交通流模型进行优化和完善。

交通流密度数据检测功能能够在信息数据层面为智能交通系统实现有效的信号控制和交通管理提供强有力的支持。

在交通流相关数据检测技术发展初期，交通管理人员大多根据路段进出口的交通流流量和交通流速度来对交通流密度进行估算。随着技术的不断进步，交通管理人员逐渐开始根据时间占有率来对交通流密度进行估算。现阶段，信息技术、通信技术和传感器技术日渐成熟，定点检测器数据逐渐成为交通流密度检测过程中的重要数据，同时交通管理人员也可以利用摄像头等设备来测量和分析交通流密度等交通流参数。

（1）磁频类检测技术

磁频类检测技术是我国现阶段在交通数据检测采集方面应用最为广泛的一种接触式检测技术。从作用原理上来看，磁频类检测技术具有精度高、实时性强、抗干扰能力强等优势，能够利用电磁感应原理来判断路面有无车辆经过，并借助埋在地下的感应线圈来获取交通流流量、时间占有率等相关数据，但同时也存在前期部署难度大和后期维护成本高等不足之处。感应线圈检测原理示意图如图 5-13 所示。

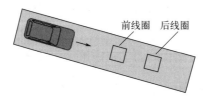

图 5-13　感应线圈检测原理示意图

（2）波频类检测技术

波频类检测技术可以根据波束的物理性质划分成微波检测技术、超声波检测技术和红外线检测技术等多种类型。从作用原理上来看，微波检测技术和超声波检测技术可以充分发挥多普勒效应的作用，有效抵抗天气等因素的干扰，利用波频传感器感知车辆经过带来的能量波束变化，并采集车辆经过时的检测信号，同时还可以实现对静止车辆的检测，但同时，这两种技术也存在无法在车辆互相遮挡时获取到较为精准的数据的缺陷。红外线检测技术可以利用位于高处的检测器发射红外线，并根据检测器是否接收到经过车辆反射的红外线来判断该路段有无车辆经过，但这种检测方式易受环境温度等因素的干扰，存在抗干扰能力差、检测精度低等不足之处。

　　微波检测器是一种可以在微波频段发挥作用的雷达探测器，能够利用雷达设备发射调频微波，并对经过车辆反射的调频微波进行检测，采集车辆驶入检测区和驶出检测区时产生的脉冲信息，进而根据这些信息计算出车型、车辆长度、平均车速、交通流量、车流密度和车道占用率等各项相关数据。

　　微波检测器根据安装方式不同主要分为侧视型和前视型两种：侧视型指的是将检测设备安装在路侧立柱上，每台设备能够同时检测 4 ～ 10 个车道，且具备前期安装成本和后期维护成本低的优势，但检测精度不高，对安装高度、与车道之间的距离等要求较高，无法在高架、立交桥等高度受限的位置充分发挥作用；前视型指的是将检测设备安装在路中的龙门架上，每台设备只能检测 1 个车道，但具有检测精度高的优势，能够实现对经过车辆的精准检测。

　　具体来说，侧视型微波检测器安装位置如图 5-14 所示，前视型微波检测器安装位置如图 5-15 所示。

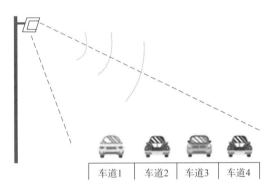

图 5-14　侧视型微波检测器安装位置

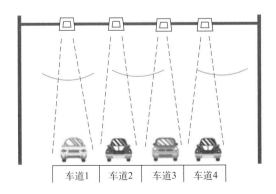

图 5-15　前视型微波检测器安装位置

（3）视频类检测技术

视频类检测技术可以利用检测区中的摄像头等设备来检测车辆驶入时背景灰度值变化产生的检测信号，并通过对这些信号的分析和处理来获取车型、车速、车道占用率、车身长度、排队长度、车头时距、交通流量和车流密度等各项相关数据信息。

在道路交通管理方面，视频类检测技术的应用能够利用单台摄像机检测和采集多条车道中的交通数据，并为交通管理人员提供可视化的交通图像信息，进而达到为交通管理工作提供方便的目的。但同时视频类检测技术也存在抗干扰能力不足的问题，无法在车辆互相遮挡、夜晚、大雾等情况下实现精准检测。

（4）浮动车检测技术

浮动车检测技术指的是帮助交通管理人员利用地图等信息以及浮动车上传的车辆数据来掌握交通状态的技术。一般来说，浮动车指装有全球定位系统（GPS）且可以在城市主干道上行驶的出租车和公共汽车，除此之外，也包括一些装配有导航App 的汽车。

浮动车中装配有 GPS，能够定期记录并向云服务器传输自身在行驶过程中的位置、方向和速度等相关数据，同时也可以利用云服务器来对这些数据进行处理，进而实现地图匹配、路径推测和分析交通流等功能，在时间和空间两个层面上联系起数据和道路，并在此基础上获取车辆经过路段的车流量、车流密度、车辆速度、平均车速和拥堵情况等信息，为交通管理提供支持。但同时浮动车检测技术也存在易受浮动车数量、GPS 样本数量和移动通信延迟不确定性等因素影响的问题，难以充分确保数据的精准度。

5.4.2　基于 V2X 的交通流密度估计

近年来，车路协同（V2X）技术飞速发展，装配有车载单元的网联车（connected vehicle，CV）的应用日渐广泛，同时网联车的 V2X 通信也促进了交通参数估计快速发展。

在信息通信方面，网联车大多可以使用直连通信接口（direct communication，PC5）和蜂窝通信网络来传输车辆数据。具体来说，网联车可以借助 PC5 实现车辆与外界之间的信息交换（V2I），从而将各项相关数据传输到路侧单元、边缘计算单元等路侧设备当中，并在此基础上将原始数据和经过边缘计算单元处理的数据传输到云服务器当中；不仅如此，网联车也可以借助蜂窝通信网络实现车辆与网络之间的信息交换（V2N），从而将各项相关数据直接传输到云服务器当中。网联车的通信示意图如图 5-16 所示。

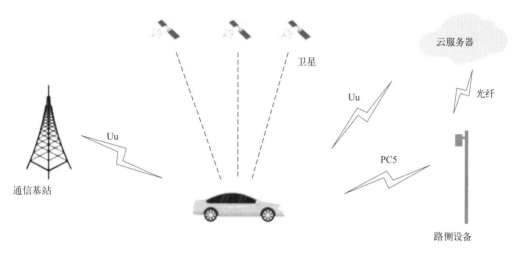

图 5-16　网联车通信示意图

与浮动车相比，网联车不仅可以通过向云服务器传输车辆数据的方式来感知交通状态，还具备以下几项优势。

① 网联车的定位精度可达厘米级，能够向云服务器传输更加精准的车辆位置信息和运动状态信息，进而充分确保参数估计的精准度。

② 网联车的传输数据量更大，能够利用车载传感器广泛采集图片、视频、障碍物、交通事故、驾驶意图、制动踏板、车辆目的地和车辆油门踏板等信息，获取大量细粒度的车辆姿态数据，具有更加强大的适应能力，能够快速适应交通状况的实时变化，及时处理随机程度较高的时空动力学问题。

③ 网联车在信息传输时的时延更短，尤其是在路口大规模聚集节点的情况下，能够充分确保数据上传的实时性。

④ 网联车可以使用 4G/5G 的 V2N 或 PC5 的 V2I+ 光纤两种方式来进行信息通信，能够让数据采集系统具备一定的功能冗余。

⑤ 网联车能够充分发挥路侧边缘计算技术的作用，利用路侧单元（RSU）和 V2I 来获取车辆数据，检测和估算区域交通流密度，并为交通诱导、交通事故检测、交通拥堵预测和自适应式信号控制等工作提供支持。

融合了 V2X 的网联车能够通过数据输入、算法模型和指标输出等方式进行交通流密度估计（图 5-17），并在一定程度上确保估计的准确性。一般来说，交通流密度估计的实现离不开车载单元（OBU）和 RSU 在数据输入方面的支持。

图 5-17　基于 V2X 的交通流密度估计的实现路径

具体来说，OBU 可以传输车辆位置、航向、速度、加速度和车道 ID 等数据信息，RSU 可以传输地图拓扑、路侧基础数据等数据信息。交通流密度估计过程中所涉及的算法模型主要包括聚类分析模型、回归拟合模型、卡尔曼滤波模型、贝叶斯网络模型、机器学习模型和基础交通模型等多种模型。

基于网联车的交通流密度估计就是利用算法模型来处理来源于车端和路侧的各项数据信息，并输出局部交通流密度、区域交通流密度、全域交通流密度等指标，同时据此来衡量网联车经过路段的交通拥堵程度。

5.4.2.1　基于 V2I 的交通流密度估计

V2I 可以通过向算法模型中输入车端数据和路侧数据的方式支持网联车实现交通流密度估计，并在交通流密度估计过程中利用 OBU 来实时感知位置、航向、速度、加速度和车辆 ID 等车辆状态数据信息，借助 RSU 来接收来源于通信范围内的各辆网联车的车辆状态数据信息，同时根据路侧地图拓扑信息来完成基础数据计算任务。具体来说，基于 V2I 的交通流密度估计实现方法如图 5-18 所示。

① 基于 V2I 的交通流密度估计可以根据航向、位置等车辆信息实现对车道 ID 的识别。

② 基于 V2I 的交通流密度估计可以计算出位于检测范围内的各个车道中的车辆数量。

③ 基于 V2I 的交通流密度估计可以计算出位于检测范围内的各个车道的平均车速。

④ 基于 V2I 的交通流密度估计可以根据速度、加速度等数据信息来计算出车辆

的停车次数，并在此基础上利用密度估计模型实现对该区域交通流密度的估计。

⑤ 基于 V2I 的交通流密度估计可以通过加权平均等方式处理经过 RSU 计算得出的区域交通流密度，进而得出全域交通流密度。

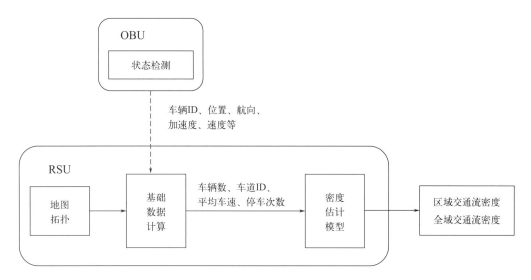

图 5-18　基于 V2I 的交通流密度估计实现方法

5.4.2.2　基于 V2V 的交通流密度估计

V2V 可以通过向算法模型中输入车端数据的方式支持网联车实现交通流密度估计，并在交通流密度估计过程中利用 OBU 来广播位置、航向、速度和车辆 ID 等网联车的状态数据，利用主车 OBU 来接收周边车辆的状态数据，并在此基础上合理调整邻居列表，同时利用密度估计模型来处理邻居列表中的车辆信息，进而得出网联车所处区域的局部交通流密度。基于 V2V 的交通流密度估计实现方法如图 5-19 所示。

由此可见，基于 V2I 的交通流密度估计和基于 V2V 的交通流密度估计均要求网联车的渗透率达到 100%，但由于短时间内无法在所有车辆中装配好 OBU，因此相关研究人员正积极展开关于混合交通流环境中的交通流模型的研究工作，力图通过研究网联车与非网联车混合的情况实现交通流密度估计。

具体来说，处于同一路段中的网联车和非网联车在运动姿态方面存在一定的关联，在欠采样与信号恢复理论的支持下，交通流模型可以通过离散的网联车数据采样来实现对局部或区域的交通流密度的有效估计。

就目前来看，部分研究人员已经围绕高速公路混合交通流环境中基于 V2I 的

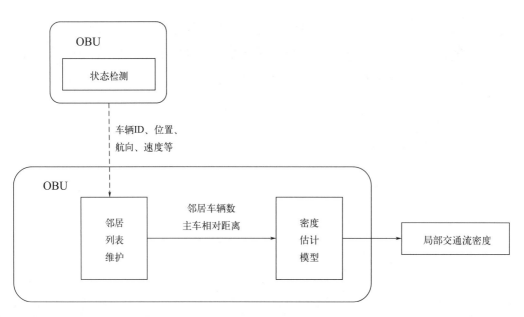

图 5-19　基于 V2V 的交通流密度估计实现方法

交通流密度估计问题展开了研究，且已取得了一定的研究成果。相关研究人员将研究路段划分成多个区段，并在各个区段起终点设置路侧固定检测器，广泛采集和计算各个区段中的网联车的数量和平均速度等相关数据，同时充分发挥固定检测器的作用，统计汇入流量和汇出流量等数据，并在此基础上计算出各个区段中的网联车和非网联车所占的比例，以便借助基础交通模型和滤波来得出实际交通流密度。

除此之外，为了实现精准有效的交通流密度估计，相关研究人员还可以构建包含车间距、停车次数、网联车上传速度等车端特征数据和道路整体密度等路侧标签的数据库，并充分发挥机器学习算法的作用，通过训练的方式来进行分类，进而达到明确具体的交通流密度的目的。就相关研究人员的实验结果来看，使用这种方法进行交通流密度估计能够在网联车的渗透率较低的情况下达到一个较高的预测精度。

现阶段，部分研究人员开始使用基于 V2I 的交通流密度估计方法和基于 V2V 的交通流密度估计方法来对各个混合交通流环境中的城市路段进行交通流密度估计。

具体来说，基于 V2I 的交通流密度估计方法就是先利用 RSU 采集网联车的位置和运动状态等车辆信息，再根据恒定波速假设将网联车的状态映射到所有的车辆当中，最后实现对目标道路区段的交通流密度估计。

基于 V2V 的交通流密度估计方法就是各个网联车先根据邻居列表和道路拓扑对

各项相关数据进行计算，得出网联车的局部交通流密度，再借助卡尔曼滤波等方法对所有车辆的交通流密度进行预测。从相关研究人员的研究结果来看，使用这种方法进行交通流密度估计时，计算精度与交通流量之间会互相影响。一般来说，在交通流量为900veh/h且网联车渗透率超过50%的情况下，这种方法的预测精度能够达到89.5%，与网联车的渗透率为100%时的精度不相上下。

第 6 章

车路协同与
智慧物流

6.1　基于车路协同的干线物流应用

6.1.1　车路协同赋能干线物流

干线物流运输指的是利用道路的主干线路以及远洋运输的固定航线进行大批量、长距离的运输，可以看作专线物流运输的延伸，主要功能是将专线物流运输的货物运达目的地。近年来，随着电商快速发展，干线物流运输需求快速增长，市场规模不断扩大，吸引了众多企业关注。

根据《交通强国建设纲要》的要求，我国要打造绿色高效的现代物流系统。为了实现这一目标，我国必须对公路运输，尤其是干线物流运输进行智能化改造，提高运输效率，降低运输成本，满足低碳、绿色发展要求。而仅依靠单车智能很难实现运输全过程的智能化，亟须实现5G车路协同。

作为新一代移动通信技术，5G的网络带宽、传输速率、频率利用率、能效水平、网络时延、系统安全、覆盖范围、用户体验等都得到了极大的改善。

在网络传输速度方面，从理论上看，5G的峰值传输速度可以达到20Gbps，大约为2.5GB/s，比4G网络的传输速度快10倍以上；下载速度可以达到1.4Gbps，相比4G网络提高了大约23倍。此外，5G的空口时延可以低至1ms，相比4G降低了90%；连接密度可以达到100万个/km^2，相比4G增加了10倍；流量密度提高了100倍，移动性提高了1.43倍。最重要的是，5G与其他无线移动通信技术相结合，在不断发展的大数据、人工智能等新一代信息技术的辅助下，可以满足未来十年移动互联网流量暴增的需求，为众多先进技术与产品的落地应用提供一个强大的网络环境。

5G的规模化商用将给各行各业带来全新的发展机遇，包括工业、农业、服务业三大产业，以及教育、医疗、零售、金融、旅游等与人们日常生活息息相关的细分行业，对实现经济高质量发展意义重大。

为此，我国非常重视5G的发展，相关部门为鼓励5G产业发展发布了很多文件。例如，工业和信息化部在2020年3月发布的《关于推动5G加快发展的通知》就围绕5G发展提出了18项举措，其中就包括促进"5G+车联网"协同发展，将车联网纳入"新基建"的范畴，提出要建设国家级的车联网先导区，不断丰富车联网的应用场景，形成完善的商业模式。

此外，交通运输部也围绕"5G+交通"出台了很多政策，提出要进一步完善智慧交通基础设施建设，推动 5G 在自动驾驶、交通管理、路网规划、车路协同等领域实现深入应用，助力交通系统的智能化转型与升级。

5G 车路协同在干线物流领域的应用可以提高干线物流的运行效率，更好地保证干线物流的安全，降低干线物流的能源消耗等，具体如表 6-1 所示。

表6-1 5G车路协同在干线物流领域的应用价值

应用价值	具体内容
提高运行效率	单车智能能够识别的环境范围有限，只能达到几百米，无法获取几公里外的道路信息。5G 车路协同可以扩大车辆的环境识别范围，提前发现几公里之外的道路异常情况，例如交通事故、道路施工等，从而尽快调整行驶路线，保证运行效率
保证安全	匝道汇入口经常发生各种交通事故，5G 车路协同可以帮助车辆及时发现汇入匝道的车辆，及时调整驾驶行为，避免交通事故发生，从而保证行车安全
降低能耗	干线物流运输距离比较长，需要经过很多上下坡道，导致能耗比较高。5G 车路协同可以根据坡道坡度合理分配车辆动力，降低车辆行驶过程中的能耗

总而言之，5G 为物流运输车辆与其他车辆、道路、行人之间进行信息交换提供了一个稳定、可靠、速率高、时延短的网络环境，极大地扩大了车辆的感知范围，提高了车辆的感知能力，让车辆可以获取丰富的信息来优化行驶路径，调整驾驶策略，从而降低行驶能耗，保证行车安全。

6.1.2　基于 5G 车路协同的物流应用

5G 车路协同在干线物流领域的应用比较广泛，主要有三大场景，分别是匝道汇入、坡道信息提示和超视距场景，具体分析如下。

（1）匝道汇入场景

匝道汇入口安装摄像头、激光雷达、MEC、RSU 等路侧感知设备，及时收集汇入匝道的车辆信息，包括来车位置、来车速度等，并将相关信息及时反馈给主路上的车辆，提醒主路上的车辆适时调整行驶速度，注意避让，以免发生危险。下面对上述几种路侧感知设备的功能进行具体分析。

① 摄像头、激光雷达。摄像头可以检测汇入匝道的车辆类型，判断来车的距离；激光雷达不仅可以判断距离，还能测定车速。

② MEC。主要用于处理摄像头、激光雷达收集到的信息，计算出车辆所在的位置与行驶速度等。

③ RSU。主要将摄像头与激光雷达收集到的信息以及 MEC 计算出来的结果发

送给主路上行驶的车辆，提醒车辆注意避让。

主路上行驶的车辆根据接收到的信息对自身以及汇入匝道的车辆的行驶轨迹进行预测，对车辆发生碰撞的可能性进行预测，根据预测结果调整驾驶方案，并通过执行层落地执行。5G 车路协同在匝道汇入场景的应用可以有效减少交通事故发生，提高车辆通行效率，防止匝道汇入口发生交通拥堵。

（2）坡道信息提示场景

坡道前方架设 RSU，通过 5G 网络获取道路的原始建设信息，包括坡道起止位置、前方坡道的坡度等，并将相关信息发送给过往车辆。过往车辆通过车载 OBU 接收 RSU 发送的信息，借助卫星定位系统判断自身所在的位置、与坡道的距离，对经过坡道需要消耗的动力进行预测，合理规划动力分配方案，以便安全、高效地通过坡道。

在整个过程中，决策层负责制定动力消耗方案，然后交由执行层执行。车辆行驶到坡道上之后，可以利用车载摄像头、雷达等设备感知周围的环境，根据收集到的信息实现安全行驶。基于 5G 车路协同的坡道信息提示可以减少车辆在坡道上行驶的动力消耗，让动力分配更加合理，让车辆以最低的动力消耗安全驶过坡道。

（3）超视距场景

整条道路上每隔一段距离架设一台路侧感知设备，每台设备负责收集所在路段的道路信息及交通信息，包括是否发生交通事故、是否发生交通拥堵、是否存在道路抛洒物、是否正在进行道路施工等，一旦发现道路出现异常情况立即将相关信息发送给附近车辆，同时将相关信息上传到平台，平台通过 5G 网络将相关信息发送给其他路侧设备。其他路侧设备接收到信息后立即发送给所负责路段内的车辆，指导车辆重新规划行驶路径，以免驶入发生意外的路段，从而保证行车安全与通行效率。

超视距场景使用的路侧感知设备主要包括摄像头、MEC、RSU。其中，摄像头主要负责对道路运行情况进行监测；MEC 主要负责判断道路事件发生位置以及具体的事件类型；RSU 主要负责将摄像头捕获的信息以及 MEC 计算出来的结果发送给主路上的车辆，辅助车辆确定自身所在位置，车辆根据自身位置、行驶速度、事故位置、事故类型等信息判断是否会发生碰撞，以便及时调整行驶路线，保证行车安全。

6.1.3　重卡自动驾驶与编队行驶

高速场景中通常会使用干线物流，因为在这类场景中车辆的行驶速度较快，所以对车辆自动驾驶系统的环境感知范围要求会比较高。众所周知，重卡的机动性、稳定性和精度较差，其制动距离更长、转弯半径更大，所以重卡的自动驾驶系统需要更为鲁棒与精确地控制，这对自动驾驶系统的感知与控制技术提出了更加严格的要求。

目前，自动驾驶系统正处于由 L3 级向 L4 级的过渡阶段，重卡自动驾驶系统亦是如此。这对于自动驾驶系统的感知、计算与执行能力来说，既是机遇也是挑战。作为实现自动驾驶执行的核心部件，线控底盘的重要性不言而喻，但目前我国本土的供应商在该领域的技术积累较少，产品尚不成熟。因此，重卡自动驾驶的上下游企业应联合起来，共同面对并解决目前的场景痛点。积极进行与之匹配的产品的设计与开发，不断推进核心部件的研发生产与关键技术的改善精进，使其可以与更高级别的自动驾驶系统适配。

运输效率对于自动驾驶重卡而言也是十分关键的，自动驾驶的决策层既要控制好车辆的制动、加速与转向，还要在宏观层面协调好车辆的调度、规划好行驶路径，达成运载能力的最优化。

C-V2X（cellular - vehicle to everything，蜂窝车联网）技术对于自动驾驶重卡亦十分重要。自动驾驶系统中，云平台通过路侧单元来建立与车辆间的实时通信，同时借助车端传感器与路侧单元来实时监测车辆的运行状态，获得交通信号等辅助信息。云平台需要汇总数据以建立高精度地图，进而完成对车辆的定位、调度以及故障检测等任务，当其发现车辆异常时会对车辆进行远程接管。

除此之外，自动驾驶重卡还需要车辆软硬件的加持来增强其信息的实时性与丰富性。自动驾驶重卡的感知模块可以发现环境中可能对车辆行驶造成影响的目标，估计其他交通参与者的位置并预测运动目标的动作，同时还可以有效识别道路标线与交通标识。不过对于自动驾驶决策来说，不能仅凭借车辆自身对环境的感知来行驶，这无异于司机依靠直觉开车。因此需要通过云平台、车联网技术与高精度地图等来为车辆预先制定最佳行车路线。唯有将云端、车端及路段的信息进行综合考虑后，自动驾驶重卡决策层方可对执行机构发布指令，辅助驾驶员完成加减速、转向、停车等操作。

为最大程度地提高道路通行效率与车辆燃油经济性，出现了"自动驾驶＋编队行驶"，这一结合模式更适合在自动驾驶专用车道上应用。编队行驶主要指支持协调车辆横向或纵向运动的消息共享，其中消息主要包含车辆位置、轨迹、排位状态以及车头时距，通过这类消息的交互达成创建车队、加入车队、离开车队与解散车队等过程的管理。

我们可以参照图 6-1，以便对"编队行驶"进行更深层次的理解，在编队行驶的过程中，1车为领航车，后面的2和4车为跟随车，3车位于车队之外，为自由车。这些车辆会通过彼此间的信息交互来确认身份和编队操作，其中车辆编队管理的相关应用可以高效、方便地管理与服务车队，增强车辆编队管理的智能化。

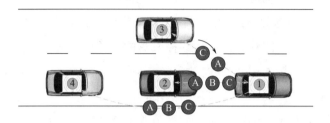

图 6-1　编队行驶示意图

编队行驶车辆间可以通过 C-V2X 技术进行彼此间的状态共享。在 C-V2X 技术的加持下，编队中的跟随车可以更加稳定、紧密地跟随领航车；同时车辆间可以做到意图共享，当领航车 1 发现前方道路存在危险，需要队列减速行驶时，其制动的动作意图会共享给跟随车 2 和 4，进而做到所有车辆平稳减速；编队行驶车辆之间可以做到协同决策，自由车 3 能够在行驶过程中随时加入整个队列，如表 6-2 所示。

表6-2　基于C-V2X技术的编队行驶车辆

功能	分类	传输模式和方向性	交互信息	功能等级
队列感知和车辆控制	A. 状态共享	双向 领航车 1—跟随车 2、4 领航车 1—自由车 3	队列激活状态；队列中车辆的速度、轨迹和位置	支持：队列的跟随车可以比其他情况更紧密、更稳定地跟随
				支持：自由车 3 进一步感知到领航车 1 正与其他车辆形成队列
制动动作预知	B. 意图共享	单向 领航车 1—跟随车 2、4	速度降低计划	支持：领航车 1 检测到可能需要队列减速的前向危险，从而使所有车辆的减速更加平稳
加入队列	C. 协同决策	双向 领航车 1—自由车 3 领航车 1—跟随车 2、4	寻求加入队列；允许在中间加入队列；通知队列其他车辆	赋能：自由车 3 可以在中间加入队列

6.1.4　干线物流自动驾驶的运营模式

现阶段，自动驾驶干线物流主要有三种商业运营模式。从干线物流自动驾驶科技公司的角度来看，干线物流自动驾驶的服务主要有三种，分别为自动驾驶技术服务、自动驾驶货运服务以及自动驾驶重卡整车租赁服务。按照业务组合与资产轻重的情况，自动驾驶科技公司的业务模式可分为以下三种。

（1）轻资产模式

轻资产模式主要指在整车厂、物流平台公司、自动驾驶科技公司三方合作的情况下，整车厂将自动驾驶重卡卖给物流平台公司，而自动驾驶科技公司只提供自动驾驶技术服务。物流平台公司凭借自动驾驶科技公司提供的技术支持和所购得的自动驾驶重卡，为客户提供有偿的物流服务，如图 6-2 所示。

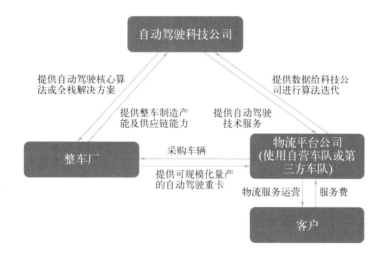

图 6-2　自动驾驶重卡轻资产模式

（2）重资产模式

重资产模式主要指自动驾驶科技公司直接从整车厂采购自动驾驶重卡，为物流平台公司提供自动驾驶重卡整车租赁服务和自动驾驶技术服务，在运力紧张时可以直接为客户提供自动驾驶货运服务，并按里程收取适当的运输服务费，如图 6-3 所示。

（3）混合模式

混合模式主要指自动驾驶科技公司既向物流平台公司提供自动驾驶技术服务，又向整车厂直接采购自动驾驶重卡，为物流平台公司提供自动驾驶重卡的整车租赁服务与自动驾驶技术服务，在必要时直接向客户提供有偿的自动驾驶货运服务，是轻资产模式和重资产模式的组合，如图 6-4 所示。

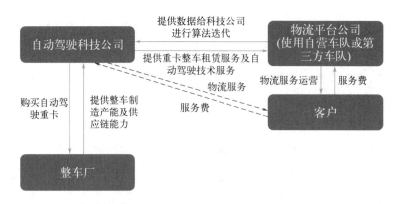

图 6-3　自动驾驶重卡重资产模式

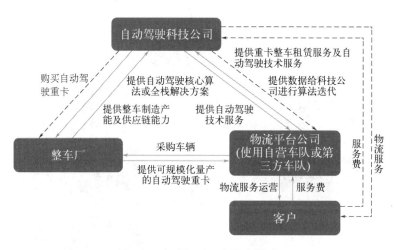

图 6-4　自动驾驶重卡混合模式

　　如果可以利用好自动驾驶重卡的编队行驶，那么其将带来较大的商业价值。在看到自动驾驶重卡编队行驶的商业价值的同时，还需进一步加强其行驶的安全性。因为卡车的自重大，所以需要的制动距离也长，在手动驾驶的情况下，卡车间保持最大化安全距离是十分必要的。为重卡安装雷达防碰撞系统可以有效减少感知反应时间，不过仍需在雷达检测到前车减速后，才能够启动后车的制动。但在编队行驶的情况下，自动驾驶重卡的转向是手动的，可制动是自动的，这就意味着当领航车发出制动指令后，V2V（车与车）能够达成前后车辆间的瞬时反应，跟随车甚至能够在领航车减速前启动制动，这样重卡就能够以极小的距离进行安全跟随。

　　在自动驾驶重卡编队行驶的过程中，车辆之间的距离是十分接近的，这种情况下车辆间会形成"气流真空区",不会有空气涡流,所以可以在最大程度上降低空气阻力,减少车辆的燃油消耗与二氧化碳排放。

6.1.5 干线物流自动驾驶的典型案例

案例 1:延崇高速自动驾驶编队行驶

延崇高速公路是连通北京冬奥会延庆赛区和张家口崇礼赛区的高速通道,全长约为 116km。其中,北京段全长约为 33.2km(包含平原段 15.2km 和山区段 18km),起点在延庆区大浮坨村西侧,与兴延高速相接;终点在市界,与延崇高速河北段相接。全线双向四车道,设互通式立交 5 座、桥梁 18 座和隧道 6 座。

2019 年底,基于 C-V2X 车路协同技术的 L4 级自动驾驶和编队行驶在延崇高速双向四车道全封闭的环境下展开演示测试。起点为阪泉服务区,终点为小海坨山赛场出口,整个路段全长 14km,包含 1km 平原路段、3km 高架桥路段和 4 个隧道,其中高架桥与隧道路段占比高达 94% 以上。

隧道路段存在诸多不利条件,如 −20℃的低温、光线明暗变化强烈、定位信号差等,这对交通系统整体的智能化水平是一项较大的考验。在京礼高速西羊坊隧道内首次实现了乘用车 2km 隧道 L4 级自动驾驶演示,还有 14km 的重卡 3 车队列跟驰与乘用车 3 车编队行驶。

演示所采用的是领航车人工驾驶模式,后面的跟随车使用自动驾驶模式来进行队列加速、队列巡航、队列换道、队列同步减速停车和队列车路协同场景试验。根据测试结果来看,车辆队列可达 80km/h 车速下,保持车间距为 10m 的技术指标。这类队列具有三方面的核心优势:一是可以降低燃油消耗,减少驾驶员人力成本;二是可以缩短反应与操作时间,提高安全性;三是可以通过缩小车距、增加路面容纳车的数量来提高交通通行效率。

智慧公路的建设离不开路侧单元、毫米波雷达、摄像头和交换机等设备,这些设备在道路上的部署也颇有讲究。其中,路侧单元主要在双向车道两侧呈"Z"字形部署,相互之间相隔 210m;毫米波雷达则是在双向车道两侧对称部署,相互间隔 210m;摄像头也是在双向车道两侧对称部署,相互间隔 105m。依靠以上多种数据的边缘计算,可以做到对高速公路事故、行人行为等交通事件的 24h 实时感知,之后将相关感知信息实时传送给车辆,可以最大程度地帮助车辆完成自动减速、变道超车、车速调整和紧急停车等操作。

案例 2:L3 级别自动驾驶重卡

目前一汽解放与智加已经发布了 L3 级别自动驾驶重卡，其核心的产品优势是智能、安全、可靠、互联和节油。值得一提的是智加科技的全栈自研 L4 自动驾驶技术的降维应用，其可以让驾驶员的双手双脚在高速路段得以全部解放，能够有效缓解长途驾驶的疲劳，最终全面达成降本增效。L3 级别自动驾驶重卡的节油算法能够降低油耗 10%~20%，其冗余架构设计、安全开发流程以及软硬件车规级认证能够从多方面确保车辆的行驶安全。除此之外，其数据引擎与远程升级功能可以帮助实现数据闭环，促进产品的迭代升级，不断为用户提供更好的行驶体验。

自满帮集团与智加科技达成战略合作后，两家公司开始展开自动驾驶重卡领域的商业化运营。目前，满帮平台上的认证司机数量已经超过了 1000 万，认证货主数量超过了 500 万，其服务覆盖城市超 300 个，2022 年满帮平台成交 GTV 达 2611 亿元，履约订单数为 1.2 亿。智加科技会将其新车型供给满帮平台，依靠自身车辆强大的安全性与燃油经济性帮助平台更好地服务客户。在这个过程中，新车型可以通过货源匹配与路线设计来获取大量的真实运营路测数据，不断训练、提升自动驾驶的软件系统，还可以依靠 OTA（Over The Air，空中下载技术）远程更新系统，不断优化、提高车辆的性能。

6.2 基于自动驾驶的末端配送应用

6.2.1 城市末端智慧物流配送体系

随着电子商务和物流业的发展，相关物流企业基于不断扩大的市场需求，为用户提供包裹同城快运、长途物流、印刷品速递、生鲜配送等多样化的物流服务。尤其是在城市中人口密集的商圈、商务区，有着更为活跃、集中的商业或个人快递配送需求。

目前，商务区的快递配送运作模式还较为传统，对人工作业有很强的依赖性。其基本流程是：负责某一区域业务的快递员不定时地从网点到达办公楼，分拣出对应地址的包裹，并联系取件人，等待取货；同时也接收这一地区的配送订单，上门收件。

实际上，这一配送模式在效率、管理、运营方面还有许多待改进之处。一是快递员进行小批量、多频次的重复性劳动，不利于提高效率，配送路线和时间存在随机性，不利于服务质量的提高，无法有效满足用户的寄送需求；二是缺乏统一规划和有效管理，当快递员同时集中在某一区域时，其配送车辆停放、包裹分拣都可能会挤占公共道路空间，增加道路安全隐患；三是用户与快递员在沟通或业务交接过程中，存在人为失误的风险，不利于后期相关责任追溯。

随着个人快递与商业快递配送需求的不断增加，上述问题对快递业务造成的影响将会越来越显著。为了提高效率、使配送体系进一步规范化，需要对现有配送模式和配送技术进行创新和改进。

在配送模式方面，可以建立快递配送信息共享平台，对接整合各个物流节点的信息，构建快递共同收发机制。例如，当包裹进入某一区域后，不再由不同企业的网点各自派件，而是在区域共同配送中心进行分拣整理，以最终配送地址为导向，由专门的区域负责人定时定点统一配送，并将派件时段提前告知收件人。

在配送技术方面，对配送工具、信息平台、快递存储空间进行创新，如自动驾驶配送小车与智能网联平台的运用、在公共区域安置智能自提柜等，并结合共同配送，完善配送与收件的交接流程，提高配送效率和安全性。

为了真正实现配送模式的创新，有研究者提出了"共同配送中心＋智能运输＋智能末端＋系统平台"共同协作的城市末端智慧物流配送体系。

（1）共同配送中心

共同配送中心是快递"最后一公里"配送的中转节点，同时也是包裹收入的中转节点，主要为物流需求密度大的商业区提供服务，具体操作方式上文已有所述。这一过程中，还可以对同一目的地的包裹按大小、品类等标准进行科学装载，并实现配送计划的最优化。

（2）智能运输

智能运输是一种连接共同配送中心到目的地（或智能末端）的智能化、自动化的运输方式。可以依托于车路协同路侧设备、通信网络等设施，运用无人机、自动驾驶末端配送车辆等工具进行自动化配送。

（3）智能末端

智能末端是设置在办公区或住宅区建筑内部的快递收发设施，包括能够容纳一定数量包裹的物理空间，是连接智能运输工具的对接点。智能末端通常位于建筑物的地下车库，并靠近货梯，以便于配送至最终目的地。

（4）系统平台

配送系统平台包括相关感知设备、监测设备、云计算系统、智能应用等软硬件设施，主要功能是对相关物流作业流程进行监管，对智能运输设备等物流资源进行管理和调度，并实现设备间通信、数据交互。依托于 RFID 等技术，可以识别包裹信息并对包裹进行实时跟踪、定位等，能够有效提高配送效率和服务质量。

6.2.2　自动驾驶物流运输系统设计

智能运输是自动驾驶物流配送系统中的重要环节，为了实现自动化运输作业，需要以城市末端运输需求为出发点，构建与车路协同相融合的、覆盖货运全过程运营场景的智能网联自动驾驶物流车系统。以下将针对其基本特征和运营场景进行分析。

（1）基本特征分析

智能网联自动驾驶物流车所涉及的最为关键的技术是单车智能技术，即针对物流场景的特殊性，分析道路等相关信息，提升物流车运行的自动化和智能化水平。通过车端与路侧的协同，可以解决单车智能的部分技术难题，降低研发成本，提高自动化运输系统的可靠性。因此对车端和路侧进行统筹管理的智能网联自动驾驶物流车系统具有以下特点。

① 是实现自动化车载设备与智能路侧设备、交通管理系统进行数据交互的重要平台，集成了车辆导航定位、场景感知、数据处理、控制决策等功能。其中车载设备包括传感器、摄像头、自动化控制系统等。

② 能够与周围的智能车辆或其他自动货运车辆进行信息交互，辅助车辆的驾驶控制和路线规划，运营人员可以对运输资源和配送进程等进行精细化管理。

③ 在物流节点装卸货时，可以利用智能搬运机器人进行作业，以节约人力成本和提高效率。

（2）自动驾驶货运全过程运营场景设计

要使自动驾驶货运车辆得到充分利用，需要对其运行范围或适用场景进行界定，基于具体场景需求设计相应的运输方案，以保证运输效率和安全性。全自动物流运行场景如图 6-5 所示。

自动驾驶货运的运输环节主要涉及停保场站、配送中心、运输通道、智能末端等四种场景，每个场景都有着具体需要实现的功能，根据场景特点和需求，从管理层面、设备层面、应用目标层面，设计对应的解决方案，以完成货物的自动化管理、运输和配送。全自动物流运行场景及功能如表 6-3 所示。

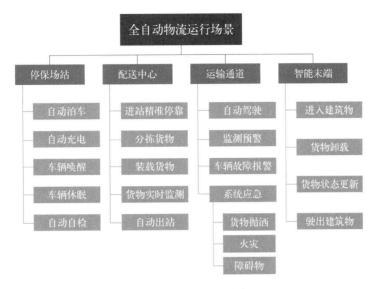

图 6-5　全自动物流运行场景

表6-3　全自动物流运行场景及功能

场景分类	功能	描述
正常运营场景	自动泊车	汽车自动泊车入位，不需要人工控制
	自动充电	自动驾驶汽车在没有任何操作员的情况下完成充电
	车辆唤醒	车辆接收控制信号，自动唤醒，准备出发作业
	车辆休眠	车辆自动休眠，节省运行资源
	自动自检	根据历史数据，自动检查车辆是否发生故障，若发生故障自动行驶至故障维修中心或向维修中心报警
	自动驾驶	包括车辆在运行过程中的车速引导、合分流控制、弯道预警及控制、变道辅助、盲区预警、行人预警等功能
	进站精准停靠	车辆行驶至作业目的地需在指定位置停靠作业，车辆自动识别出停靠位置并停靠
	分拣货物	配送中心通过分拣装备进行自动分拣，按目的地打包货物
	装载货物	车辆自动前往货物打包区装载打包好的货物，识别货物目的地并开始运输
	货物实时监测	上传货物的状态信息，并通过 GPS 实时更新货物位置
	货物卸载	货物到达目的地，车辆通过分离装置推动货物自动分离，进入建筑物收件地

场景分类	功能	描述
应急场景	监测预警	实现全程的监测预警，在车辆或货物出现异常时及时制动上报预警，预防出现货物破损、车辆碰撞等事故
	车辆故障报警	包括车辆抛锚、车辆制动系统失灵、网联系统失灵等故障，及时线上线下同步报警
	货物抛洒	货物在运输过程中出现掉落情况，实现事故地点的当前或后面车辆紧急制动，避免对货物的二次损伤，并报警上传事故信息
	火灾	行驶中汽车或外源发生火灾，应迅速停车，保护货物并自动识别火源中心开启灭火器进行扑灭，报警上传事故信息后关闭电源避免再次起火
	障碍物	车辆在运输过程中遇到障碍物进行自动避让或紧急制动，联动控制后续车辆进行避让或紧急制动，并报警上传事故信息

在城市货运业务，尤其是城市末端配送的过程中，还存在交通拥堵、配送效率低、人力不足或能耗成本过高等问题，这些因素在客观上成了智慧物流的发展动力。电子商务的快速发展，催生了多样化的物流需求，将智能网联自动驾驶运用于城市物流及其末端配送业务，可以促进交通环境改善、降低物流成本，有效提高服务效率和服务质量。

6.2.3　自动驾驶末端配送的发展前景

近年来，我国的劳动力素质整体上有了显著提高，企业的劳动力成本也随之上升。同时，随着电子商务和智能技术、自动化技术的成熟应用，一种旨在减少劳务输出、降低成本、提高效率的新型消费关系发展起来，"无人经济"悄然兴起。在物流领域，自动驾驶能够在一定程度上替代人工，在无人运输中发挥重要作用。另外，"最后一公里"末端配送问题亟须找到一种有效的解决方案。综合上述因素，自动驾驶末端配送迎来了发展机遇。

随着物流效率提高、运营模式创新、市场需求扩大，物流市场日益成熟，竞争也不断加剧。末端配送是直接连接用户的重要环节，配送的时效性和服务质量是提高市场竞争力的关键因素。面对复杂的配送环境和配送需求，如何保证货物的完整状态、避免货物丢失，并兼顾效率和用户体验，是每个物流企业都必须关注的问题。

（1）用户要求提升，自动驾驶末端配送成物流行业难点

随着电子商务的发展，物流配送需求不断扩大，物流订单量激增，在一些地区劳动者能力和物流岗位要求的匹配度较低，因此存在一定的劳动力缺口。而基于自动驾驶的末端配送可以有效解决劳动力不足的问题，同时，这一配送方式融合了自动定位导航、配送路径合理规划、路况环境感知、图像和语音交互等智能化功能，可以在一定程度上克服恶劣天气、交通拥堵带来的阻碍，确保配送效率并将包裹投送到正确位置。

自动驾驶末端配送的发展大致可以分为技术研发、技术验证、技术成熟且小范围应用、规模落地等四个阶段。从目前的情况看，行业还处于技术验证阶段。

就现阶段来说，自动驾驶技术还并不成熟，在实际交通行驶中的应用有限。而在自动驾驶末端配送场景中，配送环境相对简单，整个配送流程具有封闭性，且对配送小车的技术要求更低，因此更易于实现。发展自动驾驶末端配送可以为自动驾驶汽车的应用落地提供丰富的经验与技术参考。

随着相关智能技术、自动化技术的发展，自动驾驶逐渐成为汽车产业的发展主流。近年来，我国政府也积极制定相关政策法规，鼓励自动驾驶产业的发展创新和商业化落地，作为其分支之一的自动驾驶末端配送也将从中受益，加上其本身具有可观的市场规模和良好的发展前景，许多厂商和风投企业纷纷加入，促进了相关产业机制的完善。

除了技术支撑，真正实现自动驾驶末端配送的商业化落地，还需要相关标准规范、政策法规、配套设施建设等多方面的支持。

● 标准规范层面，还没有具体的关于自动配送小车的技术和产品质量上的标准要求，这可能制约上游关键零部件成本的下降，同时也不利于构建市场规范和扩大行业规模。

● 政策法规层面，还缺乏针对自动驾驶末端配送小车的上路准入规则和路权管理机制，配送小车的法律属性也尚未明确，不利于相关法律责任的认定。

● 配套设施层面，基于配送服务需求和特点，需要加强住宅区、商圈等区域的基础设施建设，如通行网络与运营网络的部署、感知或追踪设备的安装等。

构建合理的商业运营模式和可持续良性发展的产业生态，也是推动自动驾驶末端配送应用落地的重要因素。在各运营环节的参与主体中，运营需求方包括邮政、零售企业、物流企业等，降低人力成本、提升效率是其基本要求；解决方案服务商则涉及互联网企业、自动配送小车的制造企业等。不同主体在各环节的积极协调合作与探索创新，可以促进自动驾驶末端配送尽快走上商业化轨道。

（2）挑战与利好机遇背景下，自动驾驶末端配送产业竞争激烈

从自动驾驶末端配送的发展规划来看，需要进一步加强技术创新，促进关键技术问题攻关，完善相关标准体系，充分协调产业资源；持续调整、改进运营模式，实现自动驾驶末端配送的大规模商业化，从而降低成本，提高配送效率。

处于发展初期的自动驾驶末端配送需要持续的资金投入，充足的资金是各个参与主体进行技术创新、产品研发、市场拓展的重要推动因素。根据现在的产业融资情况来看，从上游的核心部件配置、传感器或底盘线控等设备供应，到控制系统研发，再到整体方案解决，都一定程度获得了投资公司的青睐。随着自动驾驶配送小车技术不断发展和商业化应用的深化，与之配套的软硬件设施服务、运营服务模式等也会进一步完善，从而带动整个产业的创新发展。

基于各个公司的技术优势、融资情况、行业影响力、用户积累、战略规划等因素，在自动驾驶末端配送产业中各公司的参与程度有所差异，阵营划分初见端倪。当前，京东、美团、阿里等头部企业已经在无人配送领域进行布局。这些企业充分发挥其场景优势和技术优势，并结合长期积累的运营经验和市场资源，成功占据了产业领导者的地位。但整个产业链条还处于继续完善发展的过程中，企业需要依靠技术和场景驱动，不断验证创新方案，寻找能够立足于市场竞争的发展路线。

随着自动驾驶末端配送产业的发展成熟，将会出现明显的梯队划分。在未来的市场竞争中，随着产业生态布局的不断完善，其供应链格局也会发生巨大变化，处于上游的自动驾驶系统研发、雷达感应、底盘等核心部件行业将进一步发展。自动驾驶车企与场景需求方、运营方、互联网巨头之间的合作将更为紧密。对于互联网巨头来说，能否充分利用自身的资源优势、场景优势，不断提升核心技术，将影响他们是否能一直走在自动驾驶末端配送行业的前列；而对于一些创业公司来说，如果不能找准自身定位，或商业模型不可持续，或无法与相关需求方达成长期、稳定的合作，最终可能在市场竞争中被淘汰。

当前，自动驾驶末端配送的商业模式雏形已经出现。京东、美团、阿里等头部企业推出的相关产品已经能够满足部分场景需求，并逐渐走入常态化运营轨道。多家企业也后来者居上，将相关产品投入到校园、住宅区、工业园区等场景中运营测试，并拿到了商业订单。多家企业积极参与，有助于形成良好的市场竞争机制，推动相关商业模式的发展。在不久的将来，自动驾驶就会走进人们的日常生活，为人们提供高效便捷的配送服务。

自动驾驶末端配送小车与自动驾驶汽车相比，其先发优势在于整车成本更低，

移动区域相对有限，对运行速度、安全性能、系统算力等要求并不苛刻，且规划目标清晰，更易于实现，因此末端配送被看作是自动驾驶最先实现商业化落地的场景之一，有着巨大的发展潜力。而自动驾驶末端配送是否能够发挥标杆作用，为真正实现自动驾驶的全场景商业化奠定基础，需要通过实践进一步验证。

第 7 章
车路协同测评方法

7.1 仿真测试

7.1.1 仿真测试场景设计

场景指的是车辆与环境、设施、道路和其他车辆等交通环境中的各类要素的交互过程。一般来说，各类场景元素可以形成包含多种场景的场景集合，其中，自动驾驶测试场景中包含所有与其相关的场景元素。

自动驾驶测试可分为仿真测试和场地测试两种类型。具体来说，这两种测试大多采用基于场景的功能测试方法，具有系统开发效率高、产品落地效率高等优势，且能够在一定程度上打破基于里程的测试方法的限制。

一般来说，测试场景的全面性与测试的覆盖率之间、测试场景的质量和测试效率之间、测试场景的质量和测试结果的有效性之间以及测试场景的合理性和测试结果的真实性之间均存在十分密切的关联。

（1）测试场景数据来源

根据数据来源，我们可以将测试场景分为标准法规场景、自然驾驶场景、危险工况场景和参数重组场景四种，如表 7-1 所示。

表7-1　测试场景的主要类型

主要类型	具体内容
标准法规场景	数据源自目前的评价规程和标准，比如 ISO（International Organization for Standardization，国际标准化组织）、Euro NCAP（The European New Car Assessment Programme，欧盟新车安全评鉴协会）、C-NCAP（China-New Car Assessment Program，中国新车评价规程）等，该场景是智能网联汽车在研发时期与认证时必需的测试场景
自然驾驶场景	数据源于汽车非虚拟的自然驾驶情况之下，是所有数据来源中最基本的一项。该场景既可以提供多个角度的信息，如道路情况、行驶车辆、驾驶员操作等，还可以展现多方位信息，如人、车、任务和环境等
危险工况场景	数据源自车祸数据集，对评判智能网联汽车控制策略是否安全、可靠发挥着重要作用。该场景主要可分为三类：一是典型的交通事故，二是恶劣的天气条件，三是复杂的路况。它是在说明智能网联汽车是否有效时必需的测试场景
参数重组场景	数据源自现阶段的场景数据库，主要是将原有的仿真场景重设参数，自动转化、任意生成某种场景。该场景将动态与静态要素、驾驶员操作等进行重组并全部取值，拓展该场景的界限。这类场景填补了智能网联汽车测试的缺口，对未知工况起到了有益补充

（2）测试场景设计

智能网联汽车作为一种集成了自动控制技术、智能算法和互联网通信技术等多种技术的产品，具有多个方面的测试需求，其中包括针对零部件或局部功能模块（如执行器、控制算法等）的测试，也包括在封闭区域、开放道路或虚拟场景中的整车测试。为了获得准确有效的测试结果，降低测试中的不确定性，在设计测试场景及测试评估系统时需要考虑以下因素，如图 7-1 所示。

图 7-1 设计测试场景与测试评估系统的考虑因素

① 智能驾驶控制系统的性能。系统性能的稳定性是车辆安全行驶的基础，测试时需要着重查看系统是否能够持续正常运行，尽可能排除控制车辆运行过程中存在的安全隐患。

② 驾驶员的行为对车辆的影响。驾驶员的驾驶经验丰富程度不同，对车辆状态的把控、驾驶操作的行为也存在差异，如进行制动时，有的驾驶员善于快速急刹，有的驾驶员则倾向于逐渐减速。

③ 车辆所处道路环境的复杂性。智能网联汽车需要具备快速处理外部车辆、行人、交通指示牌等动态变化信息的能力，对这些环境要素信息的处理涉及智能感知系统、电控单元、执行器等。

④ 天气、光线等因素的影响。浓雾、阴雨、大雪、大风等天气条件和光线明暗程度也会对车辆的传感系统、控制系统产生影响；此外，车辆设施在低温、高温环境中的运行工况也需要通过测试评价进行优化。

对于汽车厂商来说，通过智能网联汽车在环测试，可以充分了解车辆系统、相关功能在不同环境下的应用情况，及时发现问题点并改进优化，从而在确保车辆安全性的同时更好地满足用户对智能网联汽车的使用需求。另外，保证测试有效性是测试工作的基本要求，只有对车辆系统做出真实、客观、准确的评估，才能正确指导系统的改进方向。

开展测试工作时，应该引入一定的故障应对机制，并充分保障测试人员的人身安全。例如，如果车辆在行驶过程中出现控制系统失效、硬件故障、网络通信中断等问题，可以快速脱离自动控制，切换为驾驶员手动操作模式，同时应通过仪表盘、车载屏幕、交互语音等告知驾驶员车辆状态；或启动备用方案，自动搜索可用通信信号，重新建立连接，重启控制系统等；如有必要应及时制动，避免发生其他交通风险。

例如，位于重庆的智能网联汽车测试基地，涵盖了西部地区存在的大部分特殊路况类型，可以为基于场景元素的智能网联汽车测试提供重要支撑。目前，基地主要使用一般典型道路场景与 ADAS（advanced driving assistance system，高级驾驶辅助系统）测试需求场景，场景中有信号灯、道路指示牌等配套设施。未来，随着智能驾驶系统优化迭代，其测试需求也更加丰富，测试场景设计将更为复杂，完善测试场景建设也是智能网联汽车测试的重要工作。

7.1.2 驾驶场景与虚拟场景

（1）驾驶场景

智能网联汽车场景具有丰富度高、复杂性强和不确定性强等特点，且容易受到道路、交通等静态特征和交通流、气象等动态特征的影响。

驾驶场景包含车辆在一定的时间和空间范围内的行驶环境和驾驶行为，主要涉及车辆外部的场地、道路、气象、交通参与者和车辆内部的驾驶任务、行驶状态等各项相关信息，同时驾驶场景也是能够直接影响驾驶功能和性能的因素集合的抽象和映射。

① 行驶环境。行驶环境主要包括能够对汽车驾驶情况造成影响的交通环境要素。在行驶过程中，智能网联汽车可以利用感知方面的功能对车辆的运动、目标和事件等进行感知与响应，利用决策方面的功能进行行驶规划，并利用操作方面的功能对车辆进行控制。

行驶环境涵盖了影响智能网联汽车驾驶的各项环境因素。一般来说，这些环境因素可以根据移动特性划分成静态场景要素、准静态场景要素和动态场景要素三种类型。其中，静态场景要素包括各项固定的道路设施；准静态场景要素包括天气、光照等气象要素和各类临时交通标识；动态场景要素包括行人、机动车和非机动车等交通流。

具体来说，每一项场景要素都具备自身独特的几何属性、物理属性和图像属性，如形状、位置、尺寸、速度、方向、反射率、密度、物理形态、纹理、材质、表面不平度等，除此之外，场景要素大多还具有较强的丰富性、复杂性和不确定性。

② 驾驶行为。驾驶行为主要包括在一定时间和空间范围内车辆的驾驶任务、联网通信、超车、并道、跟随行驶、靠路边停车、交叉路口通行、环形路口通行、自动紧急制动、人工操作接管、预期行驶轨迹状态、交通标志和标线识别及响应、交通信号灯识别及响应、障碍物识别及响应、前方车辆行驶状态识别及响应、行人和非机动车识别及避让等预期出行和操作需求信息。

驾驶行为主要涉及驾驶任务、出行模式、状态轨迹和操作信息等内容。不同的驾驶场景的映射在场景范围、障碍物影响、目标检测情况、车道线作用、交通流和人车混合交通等方面存在一定的差异，且每一项关键要素的变化都会对驾驶场景的重现、构建和测试造成影响。

（2）虚拟场景

虚拟场景是一种利用数字仿真、道路建模、传感器建模、交通流仿真、高级图形处理、车辆动力学仿真建模等技术手段在虚拟环境中以模拟路侧环境的方式构建的驾驶场景，智能网联汽车可以在该场景中检测自身的系统功能和性能，衡量各项功能的有效性和可靠性。虚拟场景具有数字化的特点，能够通过利用仿真测试取代部分真实路测的方式提高测试效率。

数字虚拟场景库中既包含高速公路、城市道路、园区道路、农村道路等自然驾驶场景，也包含沙漠环境、暴风雪环境、日出和日落时刺眼的阳光、结冰道路等危险驾驶场景，具有测试场景丰富的特点，能够助力智能网联汽车行业进一步提高功能开发测试效率。

一般来说，高级驾驶辅助系统功能开发道路测试的周期大多不低于两个月，仿真测试能够高效构建虚拟的测试场景，提高道路测试效率，进而达到缩短产品开发周期的目的。与实测相比，仿真测试具有安全性强、难度低、耗时少、可重复等诸多优势，能够在危险系数较高、复杂度较高的交通工况的测试过程中发挥重要作用。

仿真测试所应用的模型在保真度方面还存在不足，虚实融合程度不够高，因此无法完全取代道路实测。但仿真测试具有功能测试验证和算法验证功能，能够通过验证发现并处理控制策略算法开发中存在的问题，确保算法的正确性，同时也可以对测试问题构建闭环，以便及时解决道路测试中出现的各类问题。

智能网联汽车行业可以通过仿真测试的方式借助相关软件来构建虚拟的交通场

景，并在该场景中反复进行多次测试，以便及时发现和解决问题，不仅如此，仿真测试还能够快速完成对实车测试来说具有较高难度的工况测试。就目前来看，仿真测试是智能网联汽车行业中应用较为广泛的一种研发测试方法。

7.1.3 测试场景库的构建方法

场景库是智能网联汽车测试评价体系的重要组成部分，也是确保测试工作顺利完成、测试数据精准有效的重要支撑，因此对场景库有着一定的可靠性、灵活性及全面性要求。同时，基于现实驾驶场景的复杂性与多样性，整合场景数据、构建符合测试需求的典型场景往往需要付出高额的成本，且伴随着繁重的工作量。由此，我们以场景元素为基础，通过组合不同的场景元素获得不同的测试场景，从而辅助测试工作高效开展，并获得真实有效的测试数据。

（1）场景采集与测试数据准备

场景库的构建要求之一，就是要与被测试驾驶性能相匹配，即在一定的测试场景下，智能驾驶系统某一方面的性能可以达到甚至超过同场景中人为驾驶的安全性要求；另外，场景库需要满足智能网联汽车不同阶段的测试需求，为智能驾驶系统开发测试提供多样化的场景支撑。

从智能网联汽车模拟仿真测试的角度看，场景库实际上是若干场景数据的集成，场景数据则是通过各类图像采集设备、测量仪器、三维建模软件等采集、分析、整合而成，尤其是一些容易发生安全事件的场景的数据，可以作为重点场景测试数据输入场景库中。数据库可以按照一定的算法规则对场景数据进行分析、细化，使其生成新的场景数据，并将这些数据整合到闭环系统中，实现测试场景的灵活配置，进而通过增调等方式构建满足测试需求的场景模型。这有利于快速建立测试场景，从而缩短测试评估周期，提升测试效率。

除了丰富的场景数据，交通管理数据和安全事故数据也是场景库的重要组成部分，这些数据为智能网联汽车的安全性模拟测试提供了支持。交通管理数据体现了我国道路交通本身所具有的特点；基于相关学习算法对安全事故数据进行分析整合，可以了解事故类型、事故原因等。数据库系统可以综合上述两类数据重建事故发生场景，并基于该场景模拟测试智能网联汽车在事故发生时的应对情况；或通过事故数据增加智能驾驶系统（或 ADAS）的"经验"，使其获得事故预警、规避安全风险的能力。随着测试工作的开展与智能驾驶系统的优化，场景库可以及时更新道路环境测试信息，不断自我完善。

在可开放、可共享的条件下，用户端将成为场景数据采集的重要一环，所属车辆采集的场景数据通过车联网平台上传至云端，转化为不同的场景参数；汽车厂商可以根据车辆控制测试需求灵活调用。由此，为智能驾驶系统的测试优化奠定了基础。

（2）场景搭建与具体测试

场景搭建是开展智能网联汽车受控测试的重要内容，基于道路场景的复杂性特点，在封闭环境中无法对所有道路场景进行模拟，因此还需要构建实地测试环境，并配备基本的道路交通环境要素，使测试工作顺利开展。这些要素主要包括以下内容，如表7-2所示。

表7-2 基本道路交通环境要素

基本要素	具体内容
道路基础设施	包括高架桥、隧道、交叉口、高速岔路口等
交通部件要素	包括交通灯、指示牌等
天气等空间要素	包括雪、雾、雨、光、温度等
电磁空间元件	电磁兼容控制等
通信要素	北斗卫星导航系统、5G 通信天线等

其中，电磁空间元件的应用是由智能网联汽车的性能测试需求决定的，体现出了相对于传统汽车测试的创新性特点。该元件主要用于测试车辆雷达探头的干扰问题是否得到有效解决，测试中则应用了信号干扰与分集技术。另外，在智能网联汽车的通信方面也存在电磁干扰，其干扰主要来自发电机、电动机产生的电力电磁脉冲，这就要求电驱动系统与各类传感器之间有较好的电磁兼容性；对于移动通信、车外无线通信带来的电磁干扰问题，也需要研发人员格外关注。

从现阶段开展的测试活动来看，国家划定的示范区承担了主要的道路测试任务。随着智能网联汽车相关技术的发展，限定在封闭区域内的测试活动也将逐渐向半开放道路扩展。在国家政策、智能技术和市场环境的驱动下，智能网联汽车测试与评价体系将逐渐发展完善。

7.1.4　仿真测试的五大类型

虚拟仿真技术在汽车从研发到落地的过程中发挥着十分重要的作用，既能够大幅提高技术和产品的开发效率，缩短开发周期，也能够减少在开发成本方面的支出。近年来，汽车的网联化和智能化程度越来越高，虚拟仿真技术的应用也逐渐深入，汽车中的数字化功能和网联化功能日渐丰富，自动驾驶系统的仿真测试技术的应用也进一步推动了汽车向数字化和网联化的方向快速发展。

传统的汽车仿真测试主要涉及车辆动力学仿真测试，在测试过程中，相关工作人员需要利用虚拟仿真技术来模拟车辆对驾驶员、道路表面信息和空气动力学输入的响应情况。当前的自动驾驶仿真测试的仿真范围较广，覆盖了信号灯、道路表面、天气情况、路面光照、交通标志牌、交通参与者和交通参与者的行为等处于车辆传感器所能感知的整个行驶环境中的各类情况。

总而言之，自动驾驶仿真测试可以通过数字建模来根据物理世界构建出相应的车辆行驶场景，并在仿真场景库中完成对自动驾驶系统的驾驶感知测试、决策规划测试和控制测试等各项相关算法的闭环测试验证任务。

根据测试方式的不同，智能网联汽车仿真测试大致可分为五类：模型在环（model in the loop，MIL）测试、软件在环（software in the loop，SIL）测试、硬件在环（hardware in the loop，HIL）测试、车辆在环（vehicle in loop，VIL）测试和驾驶员在环（driver in the loop，DIL）测试，如图 7-2 所示。

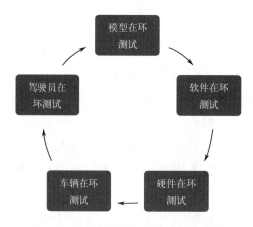

图 7-2　智能网联汽车仿真测试的类型

（1）模型在环测试

控制器开发初期和建模的过程中常采用模型在环的方式来进行模型验证，能够在所有对象均为虚拟对象且无硬件参与系统测试的情况下借助测试用例来衡量对设计功能需求的满足情况。与此同时，模型在环测试也在自动驾驶系统感知算法、决策与规划算法和控制执行算法等多种相关算法的验证和迭代过程中发挥着重要作用。

（2）软件在环测试

软件在环测试对传感器模型、车辆动力学模型和环境模型的依赖度较高，且测试过程中不使用真实部件，具有仿真置信度不高的特点，能够以代码转换的方式对算法模型进行处理，并在此基础上完成代码与算法模型的等效测试，常被应用于自动驾驶算法迭代的初级阶段当中。

从实际作用上来看，软件在环测试可以对自动生成的代码进行验证，通过对比自动生成的代码和相应的模型行为的一致性的方式来判断代码是否正确。就目前来看，安全完整性等级（safety integrity level，SIL）可以利用 COCO、KITTI、Cityscapes、ImageNet、PASCAL VOC 等数据集来完成机器学习算法训练任务，并在验证测试感知识别算法方面发挥重要作用。

（3）硬件在环测试

硬件在环测试可以在闭环系统中对控制器等物理硬件进行验证，利用控制器来接收来源于仿真模型的状态信息，同时据此生成相应的控制指令，并将该指令传输到车辆的控制系统当中，进一步获取来源于仿真模型的反馈信息，以便继续生成和传输相应的控制指令。

（4）车辆在环测试

车辆在环测试指的是在虚拟环境中使用实车来完成整车相关电控系统的匹配和集成测试，主要涉及封闭场地车辆在环测试和转毂平台车辆在环测试两种形式。一般来说，车辆在环测试的测试场景大多为包含恶劣天气、极端工况等虚拟驾驶场景的封闭实验室或空旷场地，能够有效检验出整车在各类复杂应用场景中的功能和性能。

（5）驾驶员在环测试

驾驶员在环测试主要是通过车辆模拟系统、环境模拟系统和相关仿真配件设施打造高度还原现实的驾驶环境，使驾驶员身处其中进行体验测试。利用此方案展开的测试包括：

● 人机切换策略测试，即在人机共驾环境中，切换时间、路况等不同的环境要素，据此对驾驶员的主观感受、舒适性、安全性等进行评价，并评估既有人机共驾策略是否合理。

● 人机界面（human machine interface）系统设计，将人机界面设计方案配置于驾驶模拟系统中，驾驶员从声音、图像、交互流畅度等方面对人机界面进行主观评价，以发现设计方案中存在的问题或不足之处，及时优化改进。

● 驾驶员行为分析，即基于驾驶模拟系统，将驾驶员所穿戴传感器设备与在环模拟系统相连接，对不同仿真驾驶环境下驾驶员的行为和状态（包括心跳、疲劳度、压力、注意力等）进行分析，测试驾驶员行为给车辆带来的影响，辅助优化驾驶安全保障模块。

● 耐久性测试，即测试自动驾驶系统在各类仿真场景（包括天气、道路、交通）中长续驶的稳定性、耐久性。

智能网联汽车仿真测试系统的构建，可以为智能网联汽车的研发、验证与方案优化提供重要支撑。该测试方法不仅可以覆盖智能网联汽车从设计到实车测试的全流程，还可以从决策层、感知层、执行层、人机交互等多个层面提供测试支持，从而驱动智能网联汽车研发效率提升和研发质量优化，降低研发成本和测试成本，促进智能网联汽车产业快速发展。

7.2　车辆在环测试

7.2.1　车辆在环测试的主要特点

现阶段，智能网联汽车中的自动驾驶/安全辅助系统的自动化和智能化程度日渐提高，主动安全系统所面临的高危交通场景和高复杂度的交通场景越来越多，同时各项相关功能的测试实验的复杂度、测试成本和测试要求等也在不断升高。交通场景评估与环境条件之间关系密切，且受成本和精力的限制，因此许多实际车辆测试任务难以快速展开，智能网联汽车行业需要针对这一问题制定相应的解决方案。

与当前常见的试验方式相比，车辆在环（vehicle in loop，VIL）测试可以利用基于虚拟传感器所感知的虚拟目标对测试环境进行扩展和强化，无须在虚拟环境中进行实测或在空旷的测试场地、测试道路等区域开展驾驶测试。

VIL测试具有大幅提升自动驾驶/安全辅助驾驶系统在测试验证方面的能力的作用。具体来说，VIL测试具有有效性强和可重复性强的特点，且能够综合考虑安全、性能、成本、系统集成度等多项可能会影响测试结果的重要因素，多次完成对智能网联汽车的自动驾驶功能和执行机构以及各类具有危险性强、复杂度高等特点的场景的有效测试，以便为智能网联汽车行业开发和测试自动驾驶系统提供支持。

与软件在环仿真（software in the loop，SIL）测试和硬件在环仿真（hardware in the loop，HIL）测试相比，VIL 测试无须将测试车辆的运动映射到虚拟模型当中，只需在虚拟且空旷的测试环境中利用真实车辆来测试自动驾驶系统即可。VIL 测试需要利用以虚拟传感器为基础所感知的虚拟目标对真实世界中的测试环境进行增强处理。除此之外，真实驾驶测试的多样性和灵活性的提高还能够有效缩小 HIL 测试和真实驾驶测试之间的差距，而 VIL 测试也可以作为验证方法在开发阶段的自动驾驶系统验证测试过程中发挥重要作用。

VIL 测试具有灵活性强和模块化程度高的特点，具体来说，模块化的架构为 VIL 快速适应各种类型的环境提供了强有力的支持，助力 VIL 在测试车辆总线协议开放的情况下装配到各辆汽车当中。当平板电脑和车辆总线均与运行交互和控制单元的计算机相连且平板电脑处于车辆的挡风玻璃上时，VIL 就可以通过中心部件交互和控制单元来进行信息交互，并传输各项指令。

不仅如此，VIL 中的大部分组件都可以更换成其他外部组件，从而增强测试验证的代表性，最大限度提高自动驾驶系统开发的附加值。

7.2.2　车辆在环测试的平台搭建

随着基于 HIL 的仿真测试方法在汽车测试领域的发展和应用日渐广泛，HIL 技术逐渐被融入数学模型和物理硬件设备当中。这种测试方法具有重现性强、开发周期短和施工成本低等优势，且能够为车辆模拟测试提供重力、阻力和摩擦力等物理参数，实现对车辆动力学控制和车辆稳定性控制的模拟，并达到提高模型置信度的效果。

基于 HIL 的仿真测试能够为自动驾驶汽车提供多种闭环测试和评价服务，实现针对场景感知、路径规划、决策和控制算法等多种自动驾驶相关算法的有效测试，并将经过测试的算法应用到物理世界的自动驾驶汽车当中，从而进一步强化车辆的自动驾驶能力，但车辆的执行机构并不会与测试回路相连接。

车辆在环（vehicle in loop，VIL）仿真是一种基于 HIL 的仿真测试，能够在物理世界的汽车中集成自动驾驶系统，在实验室中模拟道路、交通场景和环境因素，并在此基础上完成自动驾驶汽车在不同场景中的功能测试和性能测试任务。

（1）仿真测试平台结构

一般来说，大多数车辆在环仿真自动驾驶汽车的室内快速测试平台都包含自动驾驶汽车、汽车驾驶模拟器、试验台测控子系统、前轴可旋转式转鼓试验台、虚拟场景自动生成子系统、传感器模拟子系统和测试结果自动分析评价子系统 7 个组成部分。

具体来说，测试平台硬件物理结构如图 7-3 所示。

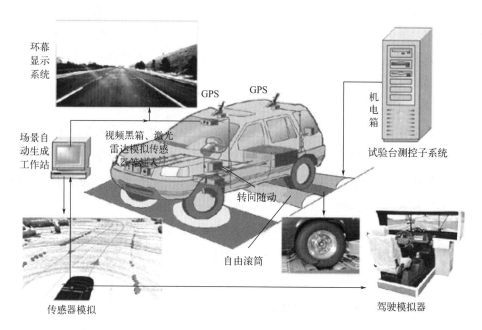

图 7-3　测试平台硬件物理结构

从架构上来看，仿真测试平台应用了基于服务器 - 客户机（client-server，C/S）结构的软件系统结构体系，并利用以太网来连接各个子系统，为子系统之间的信息通信提供支持。

具体来说，测试平台硬件逻辑结构如图 7-4 所示。

（2）测试平台软件功能

测试平台软件功能主要包括注册标定、系统维护、试验台测控程序、车辆技术测试、虚拟场景设置和场地模拟测试。具体来说，自动驾驶汽车测试平台软件功能模块如图 7-5 所示。

① 注册标定模块既可以录入车辆的物理参数，也可以标定测试车辆的转向角和阻力模型，还可以对转向系统和阻力模型中的各项控制参数进行合理调整，充分确保台架检测的精准性。

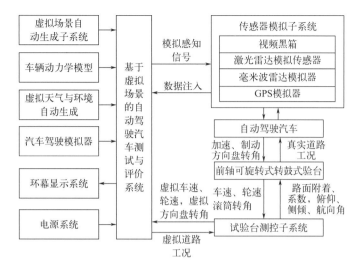

图 7-4 测试平台硬件逻辑结构

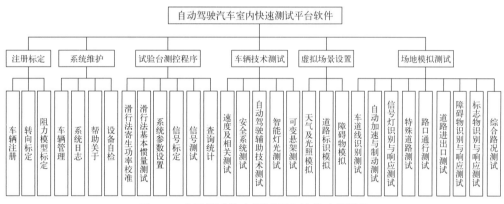

图 7-5 自动驾驶汽车测试平台软件功能模块

② 系统维护模块既可以存储车辆的各项相关测试信息，也可以记录系统运行过程中的软件日志文件和硬件日志文件，还可以从系统日志出发定期检查设备的各项功能，充分确保整个测试平台运行的高效性。

③ 试验台测控程序具有信号标定、信号测试、惯量测试、查询统计、寄生功率校准和系统参数设定等诸多功能，能够在调试执行机构性能的过程中发挥重要作用，在设备层面为车辆技术功能测试和场地模拟测试提供支持。

④ 车辆技术测试模块具有速度及相关测试、智能灯光测试、可变悬架测试、安全系统测试和自动驾驶辅助技术测试等诸多功能，能够对车辆的技术状况、工作能力和使用性能进行测试。

⑤ 虚拟场景设置模块可以在虚拟场景中对天气、光照、道路标识和障碍物等相

关要素进行处理，并在此基础上提高场景用例的多样性，从而在场景用例方面为自动驾驶汽车测试工作提供支持。

⑥ 场地模拟测试模块具有车道线识别、路口通行测试、特殊道路测试、综合路况测试、道路进出口测试、自动加速与制动测试、信号灯识别与响应测试、障碍物识别与响应测试和标志物识别与响应测试等诸多功能，能够对各类典型的道路交通场景进行复现，并模拟各类道路工况、交通环境和交通事件，助力车辆实现自动驾驶。

在测试工作已完成的情况下，自动驾驶汽车还需借助测试结果自动分析评价子系统来掌握自身在测试时的决策执行的实时化、灵敏化、智能化、舒适化程度和燃油经济性、动作执行正确率等相关数据信息。具体来说，自动驾驶汽车的车辆在环仿真测试流程如图 7-6 所示，传感器 HIL 仿真流程如图 7-7 所示。

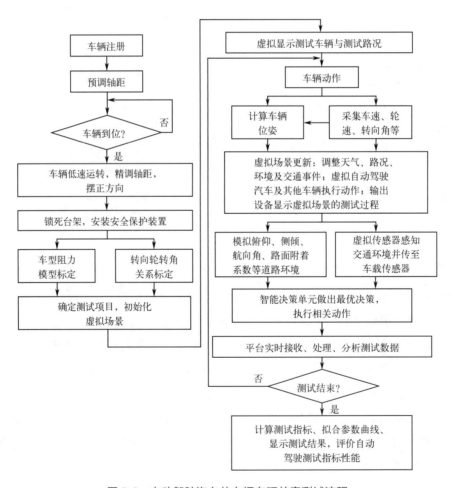

图 7-6　自动驾驶汽车的车辆在环仿真测试流程

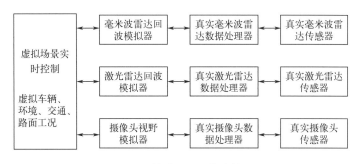

图 7-7 传感器 HIL 仿真流程

7.2.3 车辆在环测试的应用场景

VIL 测试能够无缝集成到当前的各项开发测试过程当中，并针对功能需求的具体特性在各个阶段进行功能验证，提高 SIL、HIL 和 MIL 等仿真测试与道路测试、封闭场地测试等实际测试之间的相似度。

（1）初始开发阶段

在初始开发阶段，智能网联汽车只能借助模型和算法来对功能的成熟度进行评估，现阶段，智能网联汽车可以通过仿真测试的方式实现对功能成熟度的精准评估。VIL 测试可以根据测试车辆在测试场地中的实际行驶情况来帮助开发人员全面深入了解和掌握各项相关算法以及交通参与者在实际驾驶场景中的交互行为等信息，进而为功能开发人员及时发现系统中的潜在问题提供支持。与此同时，MIL 仿真还可以对软件模型的准确性和可接受性进行有效验证，而 SIL 仿真可以对源代码进行验证。

（2）后期开发阶段

在后期开发阶段，智能网联汽车可以通过驾驶测试来预先提高功能的成熟度。在这一时期，智能网联汽车需要在明确各个相关测试场景的基础上最大限度提高测试的真实性、安全性和可重复性，在紧急制动等纵向控制场景中，智能网联汽车大多会用到假人假车等工具，同时也需要预设车辆速度或碰撞速度的限值。

一般来说，这种测试方式能够精准高效地对处于普通城市交通场景中的智能网联汽车的自动驾驶系统进行测试和验证，主要应用于纵向控制场景中的追尾碰撞场景当中，但无法在具有较高的复杂度和速度的场景中发挥作用。

为了充分确保车辆在高速场景中运行时进行测试的安全性和真实性，智能网联汽车需要使用其他测试方法来完成对紧急制动系统的测试。VIL 测试具有有效评估处于高速纵向碰撞场景中的车辆的自动驾驶系统性能的作用，且能够避免车辆与真实目标碰撞，充分确保车辆的安全。由此可见，VIL 测试是在高速场景中完成车辆紧急制动系统测试的有效方法。

（3）功能校准与综合测试

VIL 测试能够对现实世界中的真实目标进行虚拟仿真，在目标冲击速度等方面的局限性较低，能够在同一个场景中实现对多个没有速度限制的对象的有效测试，因此在车辆系统测试任务中发挥着十分重要的作用。

与此同时，VIL 测试还可以在系统开发后期实现对智能网联汽车实际驾驶过程中的各项可能性的有效测试，并对各项参数和特性曲线进行调整，从而实现功能校准测试。在测试过程中，VIL 能够充分发挥 AR 技术的作用，为测试人员深入感受功能效果提供支持，以便进一步提高评估的精准性和有效性。

VIL 测试能够在不同的测试场景中实现对车辆的执行机构以及功能安全的综合测试，同时也能够将真实传感器排除到测试范围之外，从而有效规避真实传感器对测试的影响。

VIL 测试可以通过虚拟仿真的方式针对场景建立相应的虚拟传感器输出，并在此基础上实现对智能网联汽车的自动驾驶功能和车辆执行机构的测试。虚拟传感器的故障率、噪声、精度和精度退化等特性都可以按照 VIL 测试的实际情况来定义，但同时 VIL 测试也存在对真实传感器的性能模拟不够全面的问题。

7.2.4   车辆在环测试的未来前景

现阶段，VIL 测试已经成为车辆纵向碰撞场景中常用的一种测试方法，能够对前向碰撞警告、紧急辅助制动、防碰撞等多种主动安全功能进行测试。在各类驾驶员保护场景中，VIL 测试能够在通过最高限速 80km/h 的常规测试的基础上，实现汽车制动、汽车移动、行驶车道前向静态测试和跨越车道的行人响应等多种功能，并将警告、制动、关闭车窗和预紧安全带等操作作为车辆预期行为。

VIL 测试具有测试时间短、场景切换难度低等优势，能够在多种场景中只经过少量时间准备就开始进行测试，同时还能够在高速纵向碰撞等危险场景的车辆系统功能测试中发挥作用。

不仅如此，VIL 测试还需进一步提高测试精度，充分确保虚拟传感器仿真、真实传感器输出、AR 显示效果和车辆运动情况显示等内容的精准性，以便为智能网联汽车的发展提供助力。

VIL 测试能够在危险性和复杂性较高的交通场景中完成自动驾驶功能测试验证

工作，弥补常规测试在这一方面的空缺，但就目前来看，VIL 测试还存在许多未被开发出来的潜力。具体来说，在测试过程中，车辆驾驶员需要做好接管车辆的准备，当被测功能和车辆行为与预期情况没有较大出入时，驾驶员和测试人员则只需在车载屏幕上评估各项可视化的交通场景和车辆行为即可，无须对车辆进行大量调整和控制操作。

当测试车辆的自动化程度较高时，VIL 测试还可以校准车辆的自动驾驶系统。从实际操作上来看，当智能网联汽车在测试场地中高度自动化循环运行时，VIL 测试可以在测试系统中录入场景设置信息，并以自动化的方式对测试场景的各项参数进行校准处理，进而生成大量多样化的测试用例，在无须进行场景布置和背景车辆控制等操作的前提下充分满足测试需求。

除此之外，VIL 测试中的虚拟目标对现实场景的增强也有助于智能网联汽车行业挖掘和应用新的自动驾驶系统传感器融合功能评估方法。例如，由于虚拟目标在摄像机中提供的检测位置与真实世界之间存在一定的差异，智能网联汽车在测试时需要将该虚拟目标的位置加到传感器感知数据当中，以便进一步加强多传感器数据的融合。不仅如此，虚拟场景的应用还有助于智能网联汽车行业校准自动驾驶感知和决策算法，提高车辆感知和决策的精准性。

随着科学技术的进步和智能网联汽车行业的发展，未来 VIL 测试在自动驾驶汽车测试中的应用将会变得越来越广泛和深入，并实现更好的测试效果。具体来说，当智能网联汽车行驶在测试场地中时，VIL 测试可以通过在测试系统中持续输入随机场景信息的方式来实现对车辆响应情况的自动测试，并在此基础上达到全自动测试的效果。

7.3　自动驾驶场地测试

7.3.1　场地测试的主要内容

2018 年 4 月，工业和信息化部、公安部、交通运输部联合发布《智能网联汽车道路测试管理规范（试行）》，进一步规范智能网联汽车自动驾驶功能测试相关项目。为了配合和支撑该管理规范中的各项相关要求，中国汽车工程学会、中国汽车工业协会、中国汽车工程研究院、中国汽车技术研究中心有限公司、中国信息通信研究院等相关组织和单位共同编制《智能网联汽车自动驾驶功能测试规程》，并在该规程中指出交通信号灯识别及响应是智能网联汽车自动驾驶功能必需的检测项目和测试场景。

随着我国汽车产量和销量的快速增长，交通事故的发生率不断上升，由交通事故造成的经济损失也不计其数，交通安全、环境污染和能源紧缺等已经成为备受人们关注的社会性问题。智能网联汽车是汽车未来的发展方向，也是实现智慧交通的关键，智能网联汽车的应用能够大幅降低汽车交通安全的事故率、死亡人数，有效缓解交通堵塞，减少汽车的油耗和污染物排放量，进而从汽车交通方面提高社会的安全性、节能性和环保性。

与传统的汽车和交通系统相比，智能汽车和智慧交通在技术、产品研发、产品测评和产品试验示范等方面的要求更高，需要大量可控性、开放性和真实性较强的道路环境、通信环境等混合交通车辆场景。

就目前来看，我国已经基本构建起"5+2"智能网联示范基地格局，且已经开始利用各项相关技术手段来进行验证。近年来，智能网联汽车测试评价体系的完整度和标准化程度大幅提升，汽车行业需要设计和建设专门的试车场地，并制定科学合理的测试方案。从实际操作上来看，汽车行业应在已经建设好示范基地的前提下制定专门用于智能网联汽车和智慧交通的测试场地建设方案和典型应用场景场地测试方案。

自动驾驶场地测试就是在专门的测试场地或真实的道路中测试自动驾驶汽车的安全性、可靠性、适应性和稳定性等性能和各项功能。场地测试的测试内容涉及各类场景和条件，具体来说，主要包括以下几项内容，如图7-8所示。

图7-8　场地测试的主要内容

（1）传感器测试

自动驾驶汽车需要利用摄像头、激光雷达等传感器设备来广泛采集道路信息和周边环境信息，并充分确保各项信息的精准度，因此还需在场地测试过程中对各项传感器设备的精度、稳定性、适应性和响应速度等性能进行测试，确保这些传感器能够快速精准采集各项所需信息。

（2）车辆控制测试

自动驾驶汽车的控制系统需要控制车辆安全稳定地完成加速、制动和转向等动作，同时在场地测试过程中也要对车辆的控制系统的精度、稳定性、适应性和响应速度等性能进行测试，进一步提高自动驾驶汽车在各种场景中行驶时的稳定性。

（3）路口和转弯测试

自动驾驶汽车行驶在物理世界的道路当中时需要在路口和转弯处根据路况、交通信号、行人以及其他车辆等各项相关要素及时做出相应的决策，并在执行相应的动作时灵活控制转向角度和行车速度。不仅如此，车辆还需利用虚拟仿真技术在场地测试过程中对各类路口和转弯场景进行模拟，以便实现对决策能力和控制能力的有效检测。

（4）恶劣天气测试

自动驾驶汽车应具备抵抗雨、雪、雾等恶劣天气的能力，因此场地测试需对车辆处于各类恶劣天气条件下的适应能力和控制能力进行检测，充分确保自动驾驶汽车在恶劣天气中行驶时的安全性和稳定性。

（5）紧急情况测试

自动驾驶汽车在行驶过程中可能会面临前方车辆紧急制动、行人冲进道路中间等问题，因此应具备较强的应对和处理突发事件的能力。系统需要借助虚拟仿真技术来对各类紧急情况进行模拟，并在此基础上实现对自动驾驶汽车的反应速度和应对能力的有效测试，以便充分确保车辆的行车安全。

（6）人机交互测试

自动驾驶汽车应具备人机交互功能，并充分发挥该功能的作用来与乘客进行信息交互，以便获取行车数据和乘客反馈等信息，系统需要在场地测试过程中对自动驾驶汽车的交互便捷度、反馈精准度、反馈实时性和信息展示清晰度等性能进行检测，衡量车辆的人机交互能力。

除此之外，自动驾驶场地测试的测试结果还与测试场地的规模、环境、道路布局、交通流量等诸多因素息息相关。为了充分把握自动驾驶汽车的各项功能和性能的实际水平，及时发现和处理各项问题，自动驾驶场地测试还需对以上各项相关因素进行综合考虑。由此可见，自动驾驶场地测试是整个自动驾驶技术研发过程中的重要一环，能够确保车辆的安全性和可靠性，为自动驾驶技术的发展和广泛应用提供强有力的支持。

7.3.2 ADAS 测试场地建设

汽车智能化发展离不开先进驾驶辅助技术和车用无线通信技术的支持，这两种技术在智能网联汽车的全自动驾驶系统中发挥着十分重要的作用。汽车行业在对这两项技术进行应用功能测试的过程中需要根据关键技术的特点来确定测试场地。一般来说，测试场地建设可以按照发展阶段划分成三种类型：ADAS 测试场地、V2X 测试场地和自动驾驶测试场地。

ADAS 在欧美各国和日本等发达国家的发展已经逐渐趋向成熟化，就目前来看，ADAS 已具备欧标、美标和日标等多种典型功能相关测试标准，且部分功能已经具备国家标准，但各项标准对测试环境的要求各不相同，因此测试场地往往需要覆盖多种测试工况。具体来说，测试场地建设过程中需要加倍重视以下几项内容。

（1）车道

一般来说，ADAS 系统测试包含直道测试和弯道测试等多项内容，且直道长度大多在 1000m 以上，弯道长度大多在 350m 以上，能够对不同的车辆速度进行测试，并利用自适应巡航系统来进行估算。

在自适应巡航控制系统（adaptive cruise control，ACC）测试工况中，当最大测试车速为 120km/h 且测试车和背景车的加速度为 3m/s^2 时，测试车和背景车的速度从 0 提升至测试车速的行驶距离可根据以下公式来进行计算。

$$s=\frac{1}{2}at^2, \quad v=at$$

根据以上公式，当 $s \approx 182$m 且测试车和背景车均已在测试速度下稳定行驶 3～5s、相对距离约为 100m 时，系统可开始执行测试过程中的切入、切出等操作，测试过程的持续时间应不低于 10s，行驶距离应在 330m 左右，完成测试后车辆减速行驶距离约为 182m，总距离约为 950m。但在实际测试过程中，两车的配合情况与理想情况之间可能会存在一定的偏差，为了充分确保试验的成功率，为测试所设置的直道长度应不低于 1000m。

　　标准中弯道曲率半径可以根据系统类型分成 125m、250m 和 500m 三种类型。为了提高测试场地的使用频率，大多数测试方案中都设计了直道与弯道相连的测试道路，其中直道用于调整测试速度和测试距离，弯道用于完成测试过程。完成测试后车辆将会开始减速，但减速时的道路类型并不固定，因此弯道部分的长度通常设置为 350m 左右。

　　一般来说，同向车道的数量至少 3 条，车道宽度 3.5 ～ 3.75m，路面附着系数最低为 0.9，且以沥青或混凝土为主，同时车道线也需要满足虚实线测试和黄白线测试的各项要求。

　　（2）其他设施

　　汽车行业在使用 ADAS 进行测试的过程中还应充分考虑传感器误识别问题。例如，前向碰撞预警系统测试是一种自动紧急制动（AEB）测试，测试需要在空旷的环境中进行，还要设置障碍物，并综合考虑障碍物的具体位置，利用具有一定的移动性或易于拆卸的设施进行障碍物部署。为了充分确保接收塔位置的精确度，汽车行业在测试时还需在确定接收塔位置不变的情况下充分发挥高精度定位系统的作用，提高定位精度。

7.3.3　V2X 测试场地建设

　　V2X 系统是智慧交通的重要组成部分，具有复杂度高的特点，且通常涉及车辆与周围交通元素的协同和交互以及车辆与网络的协同和交互等内容，能够利用人、车、路和环境打造闭环，并在高速、城市街道等多种交通环境中发挥重要作用。就目前来看，我国还未建立统一的技术标准，只能对互通性、功能实现、响应延迟、功能完备性等进行测试，在规划和建设测试场地时需要充分考虑各项应用研发性测试和应用试验示范需求，并大力推动技术创新，提高社会的接受度。

　　2017 年 9 月，中国智能交通产业联盟发布《合作式智能运输系统　车用通信系统应用层及应用数据交互标准》，确立了我国 V2X 应用层团体标准，并定义了 17 个典型应用场景。具体来说，车 - 车通信（V2V）和车 - 路通信（V2I）为主要应用场景，其中：V2V 指车辆与车辆之间的信息交互，可在高速环境下与 ADAS 测试场地复用；V2I 指车辆与基础设施之间的通信，能够支持车辆与测试场地路侧通信设备进行信息交互。

　　城市街道环境应包含各项城市交通要素，在路侧装配 3 组及以上间隔超过 160m 的路侧通信单元信号灯，为测试车辆完成加速和减速等操作提供方便；同时在设置道路类型时还应将交叉路口包含在内，并将建筑物、树木等作为遮挡因素；在部分路段设置检测器，测试车辆在可控测试环境中利用传感器、视频抓拍设备等工具来识别道路障碍物的能力。不仅如此，智能网联汽车中还涉及多种通信方式、远程管控和资源调度平台，能够与其他车辆、网络、道路、环境进行互联互通和协同，并在此基础上验证 V2X 相关技术，明确测试标准和相关规范。

7.3.4　自动驾驶测试场地建设

就目前来看，我国的自动驾驶已发展至由半自动驾驶向高度自动驾驶升级的重要阶段，在这一阶段，智能网联汽车中已经综合应用了 ADAS 和 V2X 等多种技术手段。随着行业的发展，技术验证性测试将会成为未来主要的测试需求，汽车行业在规划测试场地时也应在最大限度上确保测试场地与真实交通环境之间的一致性。

可控测试场地关键要素主要涉及环境要素、交通要素、设施要素、通信要素、控制要素和功能要素六项内容，具体如表 7-3 所示。

表7-3　可控测试场地关键要素

关键要素	具体内容
环境要素	可分为天气控制、灯光控制、建筑控制和地面湿滑控制等多种类型，天气控制又包含雾、雨、风等诸多内容
交通要素	主要包括行人、动物、轿车、卡车、自行车、摩托车、公交车等内容
设施要素	主要包括车站、建筑、树木、护栏、充电桩、路面标线、交通信号灯、交通标志牌等内容
通信要素	主要包括 4G、5G、蓝牙、Wi-Fi、LTE-V2X、专用短程通信（dedicated short range communication，DSRC）、射频识别（radio frequency identification，RFID）以及其他短程通信
控制要素	主要包括通信、远程控制和数据采集等内容
功能要素	主要包括车路协同、车车协同、人车交互、车网交互等内容

测试环境主要包括高速公路、城市区域和乡村道路。高速公路要求车辆的速度不能超过 120km/h，城市区域要求车辆的速度为 40~60km/h，乡村道路要求车辆的速度为 20~30km/h。

（1）高速公路

高速公路大多包含护栏、隔离带、应急车道等设备设施，但并不会专门设置信号灯。

（2）城市区域

城市区域通常具有环岛、多交叉路口、多交通设施等，且识别时视线或信号可能会受到建筑物或树木的遮挡。

（3）乡村道路

乡村道路大多存在坡道、碎石路面、凹凸路面，且具有弯道多的特点，但无论在哪种测试环境中，都应设置 2 条及以上同向车道。

一般来说，汽车行业通常使用黑盒测试的方式来对整车系统功能进行测试，并将定位精度较高的数据采集系统装配到待测车辆当中，以便实时获取测试车和背景车的行车数据，并在完成数据处理工作的基础上对比车辆的测试工况和评价标准，分析各项相关数据，进而取得更加精准有效的测试结果。

V2X 测试大多也使用黑盒测试的方法来完成。从实际操作上来看，汽车行业在研发阶段进行 V2X 测试时需要先采集终端定位数据等车载终端数据，再利用这些数据实现对终端性能的对比分析，最后根据定位精度和应用算法的准确度等数据信息制定相应的调整方案。

7.4　车路协同系统测试

7.4.1　测试需求分析

智能车路协同系统是一套安全、高效且环保的道路交通系统，它搭载了新一代互联网和先进的无线通信等技术，可以进行车 - 路 - 人之间动态信息的全方位、实时交互；采集并融合了全时空动态交通信息，并以此来开展车辆协同安全与道路主动控制，能够有效做到人 - 车 - 路的协同，确保交通安全，提高交通运行效率。

智能车路协同系统是一个可以使车、路间进行实时自动连接与相互作用的动态系统，其主要是通过车、路间的实时动态通信来代替以往道路交通中车、路间的静态联系。该系统主要由智能车端、智能路段、云端及其相关业务系统组成，十分注重交通设施、交通工具与交通参与者间的实时交互与调整，可以有效提升交通安全性与可靠性，同时有助于车辆减少能源损耗，实现节能减排。

为确保智能车路协同系统的高效、稳定运行，需要相应的测试技术对其进行支撑与保障，从而使其取得较好的应用效果。该系统的物理构成主要包含车载终端、路侧设施、平台与行人等方面。从交通行业对该系统应用的角度来讲，应当把"确保系统正常稳定工作，提升交通安全和通行效率"作为系统测试的主要目标。

针对智能车路协同系统的测试可以分为以下三类，如表 7-4 所示。

表7-4　智能车路协同系统测试的类型

主要类型	具体内容
设备级测试	主要指车载终端、路侧基站与交流感知设备等单个设备的功能与性能测试，在工程实施前保证各个设备达到标准
系统级测试	主要指道路交叉口碰撞预警系统等由单个设备组成的智能车路协同系统的功能和性能测试，在工程实施前确保各构成系统功能达标
交通效果测试	主要指该系统在实际工程应用中，对其本身针对交通安全与通行效率产生的具体影响进行评估，在工程实施后检验其效果

经过对国内一些先进的智能车路协同系统及其产品的测试，我们发现当前智能车路协同系统及其产品还没有发展成型。根据我国目前相关领域的发展来看，智能车路协同系统的研究是现阶段的热点问题，诸多科研院所和专业研究人员都在相继进行相关研究。关于其未来的测试技术研究主要可以从以下四个方面开展。

① 加快研制专用的测试装备。目前国产的智能车路协同系统的专用测试装备还是一个缺口，需要进行大量的开发工作，这样才能准确测试系统的部分指标。

② 优化完善测试指标。现阶段相关测试指标和测试方法经过前期大量的研究已经基本定型，接下来随着示范应用的逐步推进，相关测试指标有待进一步优化调整。

③ 加强对研究关键测试标准的制定与研究。当前智能车路协同系统的测试标准还未发展成熟，没有建立相关体系，还需要不断地进行优化与完善。

④ 强化相关数据的收集与管理，积极开发共享平台。智能车路协同的优化与完善需要相关的数据支撑，共享平台的搭建有助于进一步促进工程落地。

7.4.2　设备级测试

设备级测试中的设备主要指智能车路协同系统的车载设备和路侧设备，这两种设备都属于电子设备，在测试项大类上几乎相同。作为智能车路协同系统应用的基础，设备级测试的主要规则如表 7-5 所示。

表7-5 设备级测试的主要规则

主要规则	具体内容
测试指标	主要涵盖安全性、可靠性、环境适应性、电子兼容性、管理功能、接口要求等类别，在测试的具体指标上，需要体现智能车路协同的特点
测试装备	设备级测试涉及射频测试装备、硬件在环测试装备、信息交互测试装备等多种测试装备
测试环境	设备级测试一般会在测试场环境和室内环境下展开测试

我们可以针对具体测试举例，比如在进行智能路侧设备通信质量测试时，其测试系统由评测上位机、评测设备、信道模拟仪和被测装备构成。评测设备为路侧设备模式时，测试系统可以测试不同供应商的车载终端；评测设备为车载终端模式时，测试系统可以测试不同供应商的车载终端和路侧设备。主要测评指标有丢包率、通信时延和信道忙闲比例等。

以平均丢包率测试为例，在测试前期要进行相关测试准备，具体准备项如下。

① IVIS（interactive video information system，交互视频信息系统）测试系统、待测系统要与 GNSS（global navigation satellite system，全球卫星导航系统）信号进行时钟同步。

② 创建良好的测试环境，保证测试过程中不受到其他同频信号或异频信号的干扰。

③ 通信环境模拟模块不设置空口衰减，测试系统与被测设备的通信采用射频线或 PC5 通信接口直连的方式进行，PC5 接口安全不开启。

④ RLC（Radio Link Control，无线链路控制协议）层不设置包分片重组。

前期准备完成后开始进行具体的测试工作，测试完成后按照测试指标来判断被测设备是否达标。

图 7-9 所呈现的即为不同业务背景下平均丢包率的测试结果。在测试路侧设备时，考虑了数据包长、测试距离以及业务背景下平均丢包率等指标，判断在不同指标下路侧设备是否能够满足测试通过条件，如果皆可满足，便认定通过测试。

功能测试可以用路侧单元作为被测对象来举例，主要测试其前向碰撞预警功能，测试其在不同速度下的平均预警时刻与距离是否满足条件。测试结果显示，被测设备在 20~120km/h 范围内预警的时刻通过率、距离通过率以及预警成功率皆为100%，被测设备满足条件，认定通过测试。功能测试可以用来对设备是否可以实现

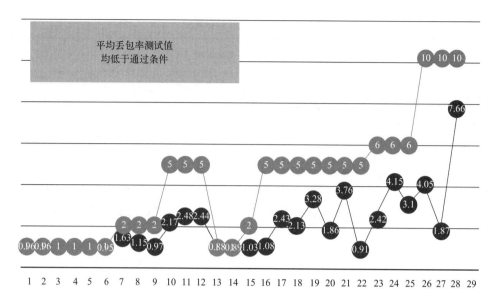

图 7-9　不同业务背景下的平均丢包率

其具体功能做初步判断，根据不同设备的测试数据，可以对设备的通过情况进行综合研判。

7.4.3　系统级测试

系统级测试主要指针对不同设备组成的系统展开测试。从交通行业应用的视角来看，这类测试有助于保3证智能车路协同系统工作的正常性、稳定性与可靠性，可以有效提高交通安全性与运行效率。在对具体应用场景下系统的具体测评方法和步骤进行研究时，应参照国标以及全球各国以及行业标准上的典型应用场景。绿波车速引导场景测试与限速提醒场景测试就是两个典型的场景测试。

（1）绿波车速引导场景测试

该项场景测试的主要步骤是：测试前先确认测试场景，要求是有信号灯的十字路口，且具有一套以上的路侧设备，道路长度在 1km 以上；在 HV（host vehicle，主车）到达十字路口前 200m 时车速分别控制在 20km/h、40km/h、60km/h 并驶向十字路口，当其驶过十字路口后，本次测试完成；每个试验速度需要进行 5 次测试。

测试的有效性要求包括以下三个方面。

① 一旦测试开始，主车速度应控制在 ±2km/h 的误差内进行行驶。

② 对于速度的测量误差在 ±0.02m/s RMS 范围内。

③ 对于距离的测量误差在 ±0.03m/s RMS 范围内。

测试的通过性要求包括以下六个方面。

① 主车与路侧设备的通信距离在 150m 以上。

② 主车在驶入十字路口前 100m 处时，要借助光学与声学模式向驾驶员建议车速区间。

③ 发布引导信息的方式为视频、声音等至少一种。

④ 对车速引导的准确率要在 95% 以上。

⑤ 系统延迟要在 100ms 以内。

⑥ 数据丢包率控制在 1% 以内。

在通过上述所有指标后，才能够认定典型智能车路协同系统通过测试。除此之外，智能车路协同系统在测试能力方面主要包含路侧设备功能测评能力、车载设备功能测评能力以及系统级测评关键基础参数三方面。

图 7-10 所呈现的是一个实际的测试结果。在这项测试中，测试速度分别选择了 20km/h、40km/h 和 60km/h，其预警时刻测试值都在通过条件的阈值范围内，因此认定通过测试。

（2）限速提醒场景测试

该项场景测试的主要步骤是：在测试开始前确认所采用的道路为限速路段，且限速标志与道路标线清晰，准备至少一套路侧设备测试车辆、一套车载终端设备、一套定位系统；要求被测车辆与限速标志的距离大于 500m，在 HV 到达限速标志前 200m 时车速需要分别控制在小于限速值、接近限速值以及高于限速值的状态下驶入限速路段；HV 分别驶入限速路段的不同车道，被测车辆通过限速路段后，本次试验完成，每个车道需进行 5 次试验。

这项测试的有效性包括以下三个方面。

① 路侧设备的信息应当涵盖地图、时间、指示范围、速度限制信息状态。

② 位置的测量误差应该控制在 ±0.03m/s RMS 范围内。

③ 速度测量误差应该控制在 ±0.02m/s RMS 范围内。

测试的通过性要求也包括三个方面。

① 路侧设备与被测车辆的通信距离在 300m 以上。

② 路侧数据的更新频率在 1Hz 以上。

③ 限速提醒的准确率在 95% 以上。

测试的测评能力主要包含的关键基础参数有通信距离、限制速度、系统延迟、车辆速度、数据更新频率等。

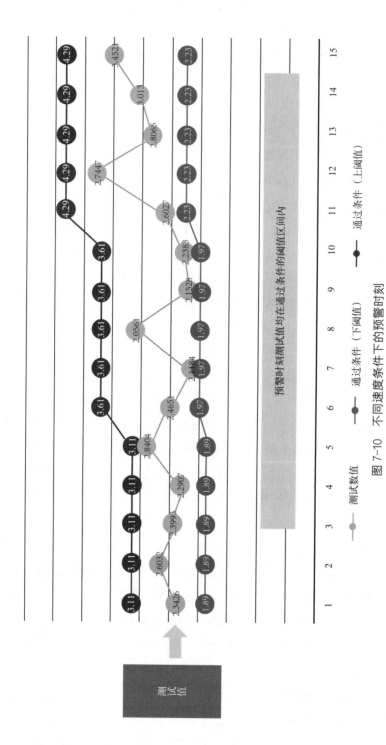

图 7-10 不同速度条件下的预警时刻

在进行测试时选取不同的速度，考察不同速度下预警的时延情况，如图 7-11 所示。最终结果显示，不同速度下预警时延最大为 0.87，符合要求，5 次测试皆满足通过条件。

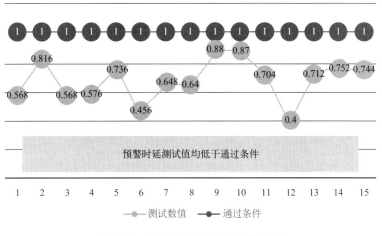

图 7-11　不同速度条件下的预警时延

7.4.4　交通效果测试

测试交通效果时，主要围绕整个交通系统实施前后交通指标的变化情况来进行测试。目前智能车路协同系统尚处于实验与示范阶段，一些前后对比数据比较难获取，在这种情况下，可以利用交通效果评价指标进行系统运行效果测试。譬如在测试效率时，可以借助平均旅行时间、平均速度、路网状态和服务水平等对该系统的使用效果做出评价。

在测试智能车路协同系统的安全性时，可以利用直接指标或间接指标对其进行评价，其中直接指标包含事故强度、事故率等，如果无法获取事故数据，就可以用碰撞时间、暴露碰撞时间、整合碰撞时间等间接指标来对系统进行安全性评价。现阶段使用较多的是碰撞时间，利用这一间接指标来评价系统安全性。除此之外，还有油耗、电动车的使用效率等节能方面的效果评价。

就目前的整个车路协同系统来说，其本身尚处于初级阶段，若要在高速公路上应用，还需要在某些具体路段或整个通道上进行相应的示范。如果未来车路协同系统进行全网应用，则需在路网上进行全域示范，所以对于该系统，要从路段与通道两个角度来评价其效果，要充分考虑到路端、通道以及整个路网的运行效果，从不同角度分别对该系统的运行情况进行评估与评价，进而综合研判系统的效益如何，如果效益较差，则需对该系统进行改进、优化与完善。

当前，欧美、日本等主要发达国家及地区的标准化组织，如国际标准化组织道路车辆技术委员会、国际标准化组织智能运输系统技术委员会、欧洲电信标准化协会和欧洲标准化组织（CEN）等正积极进行智能车路协同系统的测试标准研究，此类国际标准的研究主要集中于 L1~L3 级别的自动驾驶领域。

国际标准化组织智能运输系统技术委员会、欧洲电信标准化协会、电气电子工程师学会、5G 汽车协会等国际组织在车用通信领域也积极开展研究工作。近几年，我国也开始部署智能车路协同系统测试技术和测试标准的相关研究工作，发布了《国家车联网产业标准体系建设指南》。与此同时，工信部牵头，联合公安、交通运输等相关部门分别对车联网的相关标准体系展开研究，正式划定了车联网直连通信频段，即 5905～5925MHz。

此外，我国在智能交通这一领域也作出了有益探索，参考国内外的典型技术架构和国内示范道路与测试基地建设经验，逐步开展车联网标准体系技术结构的研究工作，积极构建智能车路协同系统的标准体系。

参考文献

[1] 郭泉成，黄梓健，刘乐，等.汽车自动驾驶传感器发展 [J].科技与创新，2023(16).

[2] 安鑫，蔡伯根，上官伟.车路协同路侧感知融合方法的研究 [J].测控技术，2022, 41(2).

[3] 葛宇，杜春晖，李亚杰，等.大数据环境下多维传感器数据融合算法研究 [J].现代电子技术，2021(7).

[4] 王鲲，张珠华，杨凡，等.面向高等级自动驾驶的车路协同关键技术 [J].移动通信，2021, 45(6): 69-76.

[5] 龙学军，谭志国，高枫.多传感器融合路侧感知技术应用现状分析 [J].中国交通信息化，2021(10).

[6] 张毅，姚丹亚，李力，等.智能车路协同系统关键技术与应用 [J].交通运输系统工程与信息，2021(5).

[7] 石晏丞，李军.汽车自动驾驶领域的传感器融合技术 [J].装备机械，2021(3).

[8] 李欣，李京英.基于激光雷达点云多特征提取的车辆目标识别算法 [J].传感器与微系统，2020(10).

[9] 蔡创新，高尚兵，周君，等.车路视觉协同的高速公路防碰撞预警算法 [J].中国图象图形学报，2020(8).

[10] 冉斌，谭华春，张健，等.智能网联交通技术发展现状及趋势 [J].汽车安全与节能学报，2018(2).

[11] 贾子永，任国全，李冬伟，等.基于激光雷达深度信息和视觉 HOG 特征的车辆识别与跟踪方法 [J].装甲兵工程学院学报，2017(6).

[12] 刘树伟，梁聪聪.基于红外技术与激光雷达的新能源汽车无人驾驶障碍检测 [J].应用激光，2022, 42(9).

[13] 姚海敏，冯霏，陈建华.基于高精度地图及多传感器融合定位的车路协同应用实践 [J].测绘地理信息，2022, 47(3).

[14] 杨路，周文豪，余翔，等.一种抑制杂波的高精度车载雷达目标检测方法 [J].仪器仪表学报，2022, 43(10).

[15] 汪勇，张英，廖如超，等.基于可见光、热红外及激光雷达传感的无人机图像融合方法 [J].激光杂志，2020(2).

[16] 岑晏青，宋向辉，王东柱，等.智慧高速公路技术体系构建 [J].公路交通科技，2020(7).

[17] 黄钰峰，高艺鹏.我国智能网联汽车技术及测试现状分析 [J].汽车实用技术，2019(15).

[18] 刘旭，谷岩.浅谈车路协同在高速公路运营服务中的应用 [J].中国交通信息化，2021(9): 39-40.

[19] 周兰孙，郑豆豆.基于高速公路 ETC 门架收费设施的车路协同系统探讨 [J].中国交通信息化，2020(11).

[20] 周颖.自动驾驶和车路协同系统中通信技术现状分析 [J].智能网联汽车，2021(1): 92-96.

[21] 范宇杰.车路协同环境下公交车队引导控制模型构建 [J].交通与运输，2021(2).

[22] 陈润超.车路协同下基于冲突规避的匝道合流优化控制方法 [J].交通科技，2021(1).

[23] 肖广兵，王蓝仪，孙宁，等.基于车路协同的地下停车场车辆定位算法发散性研究 [J].计算机应用研究，2021(2).

[24] 张文超.智能客车的发展现状及展望 [J].机电技术，2021(1).

[25] 李雪玮，赵晓华，李振龙，等.基于雾天高速车路协同模拟驾驶的驾驶人视觉信息加工模式 [J].华南理工大学学报（自然科学版），2021(3).

[26] 郑茂宽，张舜卿.夯实智慧道路数字底座，构建车路协同新体系[J].张江科技评论，2021(1): 32-35.

[27] 孟振宇，向郑涛.基于车路协同的无控十字路口行车方案[J].湖北汽车工业学院学报，2021(1).

[28] 孙正良.面向车路协同的交通管控系统探索[J].智能网联汽车，2021(1): 46-47.

[29] 董金玮，苑寿同，胡鑫.智能网联先导区道路交叉口车路协同系统设计[J].时代汽车，2021(6).

[30] 李洁，陈志华，邓芹.新一代智能交通全出行链集成系统设计[J].上海公路，2020(3).

[31] 尹颖.智能网联车路云一体化的思考能网联汽车[J].智能网联汽车，2021(1): 54-56.

[32] 张海亮.基于车路协同技术的智能交通下多匝道协同控制算法[J].自动化与仪器仪表，2021(3): D.

[33] 梁晓崤.车路协同：智能交通领域的升维谋划[J].人民论坛（学术前沿），2021(4).

[34] 仇丽莎，韦来生.正态总体均值和误差方差同时的经验 Bayes 估计[J].中国科学院大学学报，2013(4): 454-461.

[35] 林泓熠，刘洋，李深，等.车路协同系统关键技术研究进展[J].华南理工大学学报（自然科学版），2023,51(10).

[36] 程翔，张浩天，杨宗辉，等.车联网通信感知一体化研究：现状与发展趋势[J].通信学报，2022,43(8).

[37] 程宇杰，刘卓涵，闫实，等.6G 车联网络面向多源感知的数据融合技术[J].无线电通信技术，2023,49(1).

[38] 伊笑莹，芮一康，冉斌，等.车路协同感知技术研究进展及展望[J].中国工程科学，2024,26(1).

[39] 《中国公路学报》编辑部.中国汽车工程学术研究综述·2023[J].中国公路学报，2023,36(11).

[40] 刘睿.面向智慧高速的全域感知系统设计[J].中国交通信息化，2023,289(11).

[41] 梁猛.基于车路协同的交叉口控制系统设计[J].交通科技，2019(1).

[42] 李博森，何大治，冯奕佳，等.基于 Android 平台的车路协同系统车载终端设计[J].现代电子技术，2018(13).

[43] 程刚，郭达.车联网现状与发展研究[J].移动通信，2011(17).

[44] 高峰，王江锋，施绍友，等.基于模糊神经网络的车辆避撞预警算法[J].江苏大学学报（自然科学版），2006(3).

[45] 荣洋.车路协同技术在智慧高速领域的应用探索[J].交通世界（上旬刊），2021(12).

[46] 于德新，刘珩，郑黎黎，等.高速公路瓶颈区域可变限速控制方法[J].交通运输系统工程与信息，2018(3).

[47] 任开明，李纪舟，刘玲艳，等.车联网通信技术发展现状及趋势研究[J].通信技术，2015(5).

[48] 王虎，魏岗.车路协同系统发展现状综述[J].城市建设理论研究（电子版），2013(23).

[49] 陈超，吕植勇，付姗姗，等.国内外车路协同系统发展现状综述[J].交通信息与安全，2011(1).

[50] 杨晓光，朱彤，姚佼，等.道路交叉口车路协调实验系统设计与实现[J].交通信息与安全，2010(2).

[51] 郑飞，杜豫川，孙立军.基于 ALINEA 算法快速路入口匝道单点动态控制[J].同济大学学报（自然科学版），2009(6).